Tucholsky Wagner Zola Scott Sydow Freud Schlegel
Turgenev Wallace Fonatne
Twain Walther von der Vogelweide Fouqué Friedrich II. von Preußen
Weber Freiligrath Frey
Fechner Weiße Rose von Fallersleben Kant Emst Frommel
Fichte Richthofen
Hölderlin
Fehrs Engels Fielding Eichendorff Tacitus Dumas
Faber Flaubert
Eliasberg Ebner Eschenbach
Feuerbach Maximilian I. von Habsburg Fock Zweig
Ewald Eliot Vergil
Goethe Elisabeth von Österreich London
Mendelssohn Balzac Shakespeare Dostojewski Ganghofer
Lichtenberg Rathenau Doyle Gjellerup
Trackl Stevenson Tolstoi Hambruch
Mommsen Thoma Lenz Hanrieder Droste-Hülshoff
Dach Verne von Arnim Hägele Humboldt
Reuter Rousseau Hagen Hauff Hauptmann Gautier
Karrillon Garschin
Defoe Hebbel Baudelaire
Damaschke Descartes
Hegel Kussmaul Herder
Wolfram von Eschenbach Schopenhauer Rilke George
Bronner Darwin Melville Grimm Jerome
Campe Horváth Aristoteles Bebel Proust
Bismarck Vigny Barlach Voltaire Federer Herodot
Gengenbach Heine
Storm Casanova Tersteegen Grillparzer Georgy
Chamberlain Lessing Langbein Gilm Gryphius
Brentano Claudius Schiller Lafontaine
Strachwitz Schilling Kralik Iffland Sokrates
Katharina II. von Rußland Bellamy Raabe Gibbon Tschechow
Gerstäcker
Löns Hesse Hoffmann Gogol Wilde Vulpius
Luther Heym Hofmannsthal Klee Hölty Morgenstern Gleim
Roth Heyse Klopstock Kleist Goedicke
Luxemburg Puschkin Homer Mörike Musil
Machiavelli La Roche Horaz
Navarra Aurel Musset Kierkegaard Kraft Kraus
Nestroy Marie de France Lamprecht Kind Kirchhoff Hugo Moltke
Laotse Ipsen Liebknecht
Nietzsche Nansen Ringelnatz
Marx Lassalle Gorki Klett Leibniz
von Ossietzky May Irving
vom Stein Lawrence
Petalozzi Knigge
Platon Pückler Michelangelo Kafka
Sachs Poe Liebermann Kock
de Sade Praetorius Mistral Zetkin Korolenko

Der Verlag tredition aus Hamburg veröffentlicht in der Reihe **TREDITION CLASSICS**
Werke aus mehr als zwei Jahrtausenden. Diese waren zu einem Großteil vergriffen
oder nur noch antiquarisch erhältlich.

Symbolfigur für **TREDITION CLASSICS** ist Johannes Gutenberg (1400 — 1468),
der Erfinder des Buchdrucks mit Metalllettern und der Druckerpresse.

Mit der Buchreihe **TREDITION CLASSICS** verfolgt tredition das Ziel, tausende
Klassiker der Weltliteratur verschiedener Sprachen wieder als gedruckte Bücher
aufzulegen – und das weltweit!

Die Buchreihe dient zur Bewahrung der Literatur und Förderung der Kultur.
Sie trägt so dazu bei, dass viele tausend Werke nicht in Vergessenheit geraten.

Politisches Glaubensbekenntniß

Adolph Freiherr von Knigge

Impressum

Autor: Adolph Freiherr von Knigge
Umschlagkonzept: toepferschumann, Berlin

Verlag: tradition GmbH, Hamburg
ISBN: 978-3-8472-3649-8
Printed in Germany

Vorrede

Als ich anfing, dies Buch zu schreiben, da hatte ich, wie man aus der folgenden Einleitung sehen wird, von der wienerischen Zeitschrift nur noch erst die Ankündigung gelesen, die der Herausgeber derselben in dem hamburgischen Correspondenten hatte einrükken lassen, und worin er die Unverschämtheit beging, des Kaisers Majestät als Mitarbeiter seines elenden Journals anzugeben. Kurz nachher erschien das erste Stük jener Zeitschrift, und da ich in demselben einige Männer, für welche ich Achtung hege, auf bübische Weise gelästert fand; so erklärte ich mich darüber im dritten Abschnitte. Gleich darauf kam Hoffmanns zweytes Heft an das Licht; darin stand nun eine schändliche Lüge von mir, und das verleitete mich, nicht nur in öffentlichen Blättern, sondern auch an einigen Stellen in diesem Buche über Aloisius Hoffmann und sein Journal mehr Worte zu verlieren, als diese unwürdigen Gegenstände werth sind – Der Leser wird das gütigst verzeihn.

Indessen bestärkte mich doch die Erfahrung, daß man jezt solche Versuche gegen freimüthige, Wahrheit liebende Schriftsteller wagt, um sie verdächtig zu machen, in dem Vorsazze, nichts mehr über politische Gegenstände zu schreiben, ohne meinen Namen davor zu sezzen; allein da die Form dieses Werks nicht mehr gestattete, daß ich dies auf dem Titelblatte thun konnte; beschloß ich, eine Vorrede mit meiner Unterschrift hinzuzufügen.

Meine Absicht dabey ist, das Publikum zu überzeugen, daß ich mir bewust bin, meine Grundsäzze sind von der Art, daß ich mich ihrer nicht zu schämen brauche, und daß es noch Gegenden in Teutschland giebt, in welchen eine weise Regierung dem Schriftsteller die Freiheit gestattet, über Gegenstände, die der ganzen Menschheit wichtig sind, unbefangen, aber bescheiden seine Meinung zu sagen.

Ich bin – Dank sei der gütigen Vorsehung dafür! – ich bin in einem Lande einheimisch, wo Wahrheit sich nicht zu verstekken braucht, wo der gütigste Monarch und Die, denen er das Ruder des Staats anvertrauet hat, keiner Zwangsmittel und überhaupt keiner künstlichen Anstalten bedürfen, um Aufruhr und Empörung zu hindern. Wenn ich also zuweilen ein wenig heftig gegen die Beschränkung der natürlichen Freiheit eifre; so redet nicht Leidenschaft aus mir. Dies kann noch weniger der Fall seyn, wenn ich von den ungerechten Anmaßungen der Edelleute und Priester rede. In diesen nördlichen Gegenden kennen wir den Despotismus aller Art gottlob! nicht aus eigner trauriger Erfahrung; aber ich habe ehemals Gelegenheit gehabt, seine Greuel in der Nähe zu sehn; und das hat Eindrükke in mir zurükgelassen, die meinen Schilderungen einen Anstrich von Bitterkeit geben, welche nicht in meinem Herzen ist.

Übrigens hoffe ich, daß selbst Die, welche mich zuweilen beschuldigen, ich sey zu partheiisch für eine demokratische Verfassung, wenn sie dies Buch einiger Aufmerksamkeit bis an das Ende würdigen wollen, finden werden, daß ich über diese Gegenstände nachgedacht habe; daß ich nicht zu den enragés gehöre; daß ich vielmehr glaube, man könne ruhig und froh leben in jedem Lande, die Regierungsform möge auch seyn, welche sie wolle, wenn nur eine weise Gesezgebung alle Stände gegen einander vor Mishandlung sichert, und daß ich behaupte, wir haben in Teutschland keine Revolution, weder zu befürchten, noch zu wünschen Ursache, wenn nur die verschiednen Regierungen, statt die Aufklärung zu hindern, mit ihr Hand in Hand fortrükken und die Mittel, Ordnung zu erhalten, mit der Stimmung des Zeitalters in ein richtiges Verhältniß sezzen.

Bremen, im Februar, 1792

Adolph, Freyherr Knigge

Einleitung

Es ist nun ein Jahr verflossen, seit mein Herr Vetter, der Advokat Benjamin Noldmann, in Goßlar, ehemaliger Baalemaal oder Gentilhomme de la Chambre am kaiserlichen Hofe in Gondar, seine *Geschichte der Aufklärung in Abyssinien* herausgab. Hätte er mich um Rath gefragt; so würde ich ihn davon abgemahnt haben, und ich erschrak nicht wenig, als mir das Buch zu Gesichte kam. Nicht, daß ich glaubte, ein Gentilhomme de la Chambre dürfe nicht auch einmal ein historisch-philosophisch-politisches Werk herausgeben; (hat doch der Gentilhomme ordinaire de la Chambre, Herr von Voltaire, deren viele in die Welt geschikt) allein ich kannte meinen Herrn Vetter zu gut, als daß ich nicht hätte ahnden sollen, er werde schwerlich unterlassen können, mit zu viel Feuer seine republikanischen Kezzereyen auszukramen und andre ein wenig kühne Säzze einzumischen, die ihm leicht misgedeutet und gefährliche Folgen für ihn haben könnten; denn da die beiden grösten Mächte des Erdbodens, Dummheit und Bosheit, in allen Winkeln der Welt ihre Residenten und Agenten haben, welche jeden frey denkenden und frey redenden Mann als einen Aufrührer verdächtig machen; so ist es ein kizlicher Punkt, diesen sich blos zu stellen. Desfalls nun legte ich mich auf Kundschaft, um zu erfahren, welchen Eindruk jenes Buch auf das Publikum gemacht hätte; und da bestätigte sich denn wenigstens ein Theil dessen, was ich befürchtet hatte. Verschiedne geistliche Herrn fanden sich hauptsächlich dadurch beleidigt, daß darin von ihrem Stande und der edeln Dogmatik nicht mit der gehörigen Schonung wäre gesprochen worden; Edelleute meinten, Herr Noldmann mögte nur aus Neid sich gegen den erblichen Adel erklären, weil er selbst das Unglük hätte, von bürgerlicher Abkunft zu seyn; Rechtsgelehrte sagten, Herr Noldmann müsse wohl ein schlechter Jurist seyn, weil er mit Geringschäzzung von der erhabensten und einträglichsten aller Wissenschaften redete; verschiedne Ärzte warfen ihm Undankbarkeit gegen die wohlthätige und zuverlässige Heilkunde vor – kurz! wenn auch jeder heimlich alles so ziemlich der gesunden Vernunft gemäß fand, was mein Herr Vetter über Menschenrechte und bürgerliche Einrichtungen gesagt hatte, so ließ er doch das nicht gelten, was *seinen* besondern Stand angieng. Nun nahm ich mir gleich damals vor, ein paar Bogen *wenigstens zu Vertheidigung der politischen Grundsäzze* des Herrn Nold-

manns zu schreiben. Ich wollte darin ungefehr folgende Säzze ausführen: »In der *Geschichte der Aufklärung von Abyssinien* sind Misbräuche in den Staats-Verfassungen gerügt, deren, mehr oder weniger, in jedem Lande angetroffen werden. Das Bild der Ausartung
der bürgerlichen Gesellschaften und ihres Wiederspruchs mit den
ersten Zwekken des Societäts-Vertrags, ist zwar mit sehr starken
Farben ausgemalt; aber nicht, als hätte der Verfasser dadurch zu
erkennen geben wollen, daß alle diese Misbräuche in allen Staaten
herrschend wären, sondern nur, um aufmerksam zu machen auf die
fürchterlichen Folgen, die nothwendig entstehn müssen, wenn man
sich immer weiter von den ursprünglichen, heiligen Rechten der
Natur entfernt; zu zeigen, wie tief der raffinirte Despotismus mit
allen seinen Ressorts, an der Hand des Luxus und der Sittenlosig-
keit, die Völker herabwürdigen kann; wie dann aber selbst seine
schimmernde Blüthe den Saamen zu einer neuen Sprosse trägt,
welche hervorschießt, bald ihn selbst unterdrükt und weit umher
Wurzel faßt; wie die, lange Zeit hindurch mishandelten Völker,
wenn ihr Elend und der Druk aufs Höchste gestiegen sind, und sie
bey einer andern Ordnung oder Unordnung der Dinge, nichts verlieren, aber vielleicht alles gewinnen können, die Augen öfnen, an
der eignen Fakkel des Despotismus, nämlich an der Aufklärung,
welche die feinere Cultur herbeigeführt hat, ihr Licht anzünden und
damit endlich ihren armseeligen Zustand beleuchten; wie hierauf
vergebens alle Mittel angewendet werden, den Stärkern, dessen
Namen Legio heißt, wenn er es einsehn gelernt hat, daß er der Stärkere ist, wieder unter das Joch des schwächern einzelnen zurük zu
bringen; und welche gewaltsame Umkehrungen, welche blutige
Kämpfe alsdann da erfolgen müssen, wo, wenn alle umstürzen
helfen, jeder auf seine eigne Weise und zu seinem eignem Vortheile
wieder aufbauen will. Heißt das Aufruhr predigen, wenn man ein
solches Bild entwirft, damit man die Regierer der Völker warne, es
dahin nicht durch eigne Schuld kommen zu lassen? wenn man
ihnen begreiflich macht, daß es jezt grade noch Zeit ist, die Saiten
herunter zu stimmen, wenn sie nicht reißen sollen? Nie ist dem
Herrn Noldmann eingefallen, den Reformator zu spielen und alle
Staaten nach dem neuen Systeme seines abyssinischen Prinzen
ummodeln zu wollen; aber ein Ideal wollte er aufstellen, von einer,
nach den Grundsäzzen der reinsten Vernunft und natürlichen Billigkeit errichteten Verbindung der Menschen zu einem Staatskör-

per. Es kömt hier nicht auf die Möglichkeit der Ausführung, der Erreichung eines solchen Ideals, sondern darauf kömt es an, daß man, durch Betrachtung desselben, sich überzeuge, wie weit man sich von demselben entfernt hat, damit man, bey Gründung einer neuen Constitution, einen Maaßstab habe, wonach man bestimmen möge, welche Schritte man zurükthun muß, um dem Ideale nahe zu kommen. Über solche, der ganzen Menschheit wichtige Gegenstände kann nie genug nachgedacht, gesagt und geschrieben werden. Übrigens kann man ein sehr ruhiger Bürger seyn, und dennoch manches in seinem Vaterlande anders wünschen, als es ist, sich auch darüber gelegentlich deutlich herauslassen. Man kann gegen Misbräuche in dogmatischen und gottesdienstlichen Sachen eifern, und dennoch nicht nur sehr warm für Religion seyn, sondern auch, ohne Heucheley, die kirchlichen Gebräuche mitmachen, weil sie nun einmal so eingeführt sind. Man kann wünschen, daß alle geheime Verbindungen aufgehoben würden, und dennoch die Freymäurer-Logen, die nun einmal da sind, besuchen, und darin Gutes wirken. Man kann behaupten, daß, wenn man einen neuen Staat zu errichten hätte, man in demselben keine Schauspiele dulden wolle, und dennoch in dem Staate, darin man lebt, sich des Schauspiels annehmen. Man kann mit Enthusiasmus die Glükseeligkeit einer republikanischen Verfassung erheben, und dennoch ein sehr gehorsamer Unterthan seines Monarchen seyn. Man kann die Thorheiten und Tükken der Menschen rügen, und dennoch die Menschen herzlich lieben und seine eignen Fehler nicht miskennen – Kurz! der philosophische Schriftsteller muß über alles raisonniren dürfen; Raisonnements sind aber weder Gesezze, noch Glaubens-Artikel, noch Fehde-Briefe.«

Diese und ähnliche Säzze wollte ich zu Vertheidigung meines Herrn Vetters dem geneigten Leser an das Herz legen, als mir die Ankündigung einer periodischen Schrift vor Augen kam, die nun bald in Wien hervortreten wird und in welcher man die neumodischen Philosophen entlarven, abfertigen und das Publikum vor diesen abscheulichen Volks-Aufrührern warnen will. Nun läßt es sich gar nicht denken, daß, bey der Aufklärung und Denkfreiheit, welche jezt im ganzen teutschen Reiche herrschen, einige niedrige, sklavische Schmeichler es wagen sollten, um für sich Pensionen und andre Vortheile zu erringen, dem politischen, theologischen und philosophischen Despotismus und der Verfinsterung das Wort zu reden, die guten Fürsten, die auf halbem Wege sind, ihren Völkern, statt der eisernen, spröden Ketten der willkührlichen Gewalt, die sanften und dauerhaften Bande der Gesezze, der Liebe und der Achtung anzulegen, mistrauisch gegen die freimüthigen, edeln Männer zu machen, die den Muth haben, ihnen, zu ihrem Heile, die Wahrheit zu sagen. Es läßt sich nicht denken, daß die Unternehmer jener periodischen Schrift boshafte Dummköpfe wären, welche sich verschworen hätten, jeden hell denkenden Mann, dessen Licht ihnen etwa zu sehr in die Augen schimmerte, bey dem Volke verdächtig zu machen, ihn zum Schweigen zu nöthigen, oder gar ihm Verfolgung im bürgerlichen Leben zuzuziehn. Es läßt sich nicht denken, daß namenlose, unberühmte Leute die Unverschämtheit haben würden, auf eigne Autorität, ein philosophisches Inquisitionsgericht anzulegen – Nein! ich bin vielmehr überzeugt, daß die in Wien angekündigte Zeitschrift Männer zu Verfassern haben wird, die sich schon durch Schriften und Handlungen in den Ruf aufgeklärter, denkender, uneigennüzziger und edler Eiferer für Wahrheit und Recht gesezt, und daß diese den lobenswerthen Zwek haben, ächte philosophisch-politische Grundsäzze zu entwikkeln; Diejenigen welche sich, ohne Kentniß der Sache, an Beurtheilung großer Welt-Begebenheiten wagen, gütlich zurecht zu weisen, und durch Warnung und richtigen Volks-Unterricht, den gefürchteten bösen Folgen vorzubeugen, welche unvorsichtig vorgetragne Säzze, von falschem Enthusiasmus irregeleiteter Schriftsteller, auf die allgemeine Stimmung haben könnten.

So wenigstens habe ich jene Ankündigung verstanden und das hat mich bewogen, damit auch ich mein Schärflein zu dieser guten Absicht beitragen mögte, meinem ersten Plan, der nur auf Vertheidigung des Herrn Benjamin Noldmanns gieng, zu erweitern. Ich will nämlich in dieser Schrift die Frage abhandeln: *ob und in welchen Fällen den europäischen Staaten, bey der jezzigen, durch zunehmende Denk- und Preß-Freiheit bewürkten Stimmung des Zeitalters, eine Staats-Umwälzung bevorzustehn scheinen mögte?* Und da wohl ohne Zweifel die französische Revolution jezt den grösten Einfluß auf diese Stimmung hat, indem sie so manche Feder und Zunge in Bewegung sezt; so will ich meine Frage also einkleiden: *Welche Folgen haben wir von der französischen Revolution zu fürchten, oder zu hoffen?*

Erster Abschnitt

Wer kann richtig über große Weltbegebenheiten urtheilen?

Über große Weltbegebenheiten kann am richtigsten erst von der Nachkommenschaft geurtheilt werden; nur sie vermag, mit kaltem Blute die Zeugnisse der Zeitgenossen, die, ohne Unterschied, Alle, mehr oder weniger partheiisch sind, zu prüfen und Ursachen, Würkungen und Folgen, die einen durch die andern zu erklären.

Nur der, welcher auch nicht auf die entfernteste Weise mit den handelnden Personen in Verhältnissen steht, darf sich schmeicheln, ein unbefangner Richter zu seyn und das ist bey solchen Ereignissen, die auf ganze Staatskörper Einfluß haben, nie der Fall, so lange wir selbst noch Glieder eines Staatskörpers sind.

Man wende hiergegen nicht ein, daß die Zeit die kleinen Vorfälle vergessen mache, die oft, mehr wie die großen, öffentlichen Ereignisse, als Triebfedern würken! Wer weiß nicht, mit welchen falschen Anekdoten sich die Neuigkeit des Tags trägt! Grade diese werden erst nach und nach berichtigt, erläutert und das ächt Charakteristische bleibt. Doch versteht sich's, daß ich hier von einem Zeitalter rede, in welchem Cultur und Philosophie nicht schlafen. Wer wird leugnen, daß wir jezt richtiger über das Zeitalter Ludwig des Vierzehnten urtheilen, wie die, welche, während seiner Regierung, aus Menschenfurcht, aus Schmeicheley, aus falschem Enthusiasmus ihn bis in den Himmel erhoben, oder aus Rache und Neid ihm vielleicht jede Art von Größe und Tugend absprachen? Wer mögte wohl eine allgemeine Geschichte der Reformation für zuverlässig halten, die im sechzehnten oder siebzehnten Jahrhunderte geschrieben wäre?

Das Gemälde muß erst aus einem Standpunkte beobachtet werden können, wo man es im Ganzen übersieht, ohne von dem Schimmer einzelner Farben, ohne von dem Interesse an einzelnen Gruppen geblendet, ohne durch die kleinen Details zerstreuet zu werden. Unsre individuellen Lagen aber, Vorliebe oder Wiederwillen vor oder gegen unsre und fremde Verfassungen, gegen unsre und fremde Systeme, vor oder gegen Nationen und Personen, die entweder Beförderer oder Stöhrer, Tadler oder Lobpreiser jener Gegenstände sind, determiniren uns, so lange wir mitten in dem Gewühle leben. Kleine, unmerkliche Beziehungen stimmen uns zur

Partheylichkeit gegen lebende Personen und gegenwärtige Dinge. Selbst auf den geübten Denker, der sich ganz kalt und unbefangen glaubt, würkt heimlich irgend eine von diesen Rüksichten; wäre es auch nur ein vaterländisches oder ein Erziehungs-Vorurtheil, eine vorgefaßte Meinung von denen, welche sich der Sache annehmen, oder dergleichen.

So unwürdig eines Philosophen es ist, den Werth einer Unternehmung nicht nach der innern Güte des Zweks und der Mittel, sondern nach dem Glükke oder Unglükke des Erfolgs zu würdigen; so scheint es doch bey manchen Fällen, wenn von politischen Umwälzungen die Rede ist, nothwendig, sein Urtheil nicht blos nach moralischen und scientifischen Grundsäzzen einzurichten, sondern der Zeit zu überlassen, dem praktischen Nuzzen den die Veränderung stiftet, der Consequenz der angewendeten Mittel und der Möglichkeit der dauernden Ausführung das Wort zu reden. Da fallen denn nun freilich die Resultate oft ganz anders aus, wie unsre Raisonnements. Als Amerika die heilige, unleugbare Befugniß des Menschen, unbestimte oder von seiner Seite gebrochene Contrakte wieder aufzuheben, sich fremden Schuz zu erbitten, wenn man sich selbst schüzzen kann und die Früchte seines eignen Fleißes nach seiner eignen Weise zu genießen, gegen das uneigentlich so genannte Mutterland gelten machen wollte; da eiferten nicht nur Moralisten und Rechtsgelehrte wider die Undankbarkeit der Colonien, sondern die Staats-Propheten sahen auch voraus, daß diese, von eigennüzzigen Bösewichtern und Aufrührern irregeleitete, nicht von einem Geiste beseelte, unter sich selber durch Uneinigkeit getrennte Leute, ohne disciplinirte Armee, ohne Gesezze, ohne Bundesgenossen, ohne Geld, ohne Credit, wenig ausrichten und bald zum Gehorsame würden zurükgeführt werden. Den Journal- und Bücherschreibern der damaligen Zeit, besonders dem empfindsamen Herrn Fähndrich Anburey, dessen Beschreibung von Nord-Amerika der Herr Geheimerath Forster übersezt hat, schauderte die Haut, bey Schilderung der Abscheulichkeiten, durch welche die verblendeten Amerikaner sich alles Mitleids unwerth machten und ihr armes Land für Jahrhunderte in eine Wüsteney verwandelten. Er, und mit ihm nicht nur mancher andrer Fähndrich, sondern auch mancher General und Mann von Gewichte, beschrieb die Heere dieser Vagabonden, als Räuber-Rotten, die kaum verdienten von regulirten Truppen zu Paaren getrieben zu werden. Wer hätte auch glauben sollen, daß Leute ohne Schuhe und Strümpfe, die zuweilen blos davon liefen, wo man schiklicher nach dem Takte hätte retiriren sollen, die nicht wüsten, was deployiren und durchziehn und dergleichen hieß, und deren Anführer gemeine Kerl, ohne Geburt und Stand waren, daß diese unsre bunten Männerchen mit Gold und Silber geziert, die, unter Anführung von Lords, Grafen und Edelleuten, alles nach dem Tempo zu thun verstanden, schlagen, gefangen nehmen und zum Lande hinausjagen würden? Die Zeitungen und Privat-Briefe waren voll von Zwist und Spaltung, die unter den Mitgliedern des Congresses herrschten, von Trennung und Unterwerfung einzelner Provinzen unter Britanniens Scepter, von allgemeiner Anarchie, Mord und Raube. Und wie sieht es jezt mit diesen Rebellen aus, nachdem kaum der sechste Theil eines Menschenalters seit jener Zeit verflossen ist? Keine Spur mehr von Mangel, Unordnung und Gährung! In voller Würde, respektirt und gefürchtet von allen Völkern des Erdbodens, steht der neu errichtete Staat da, nachdem er seine Freiheit muthig errungen und sich einen ehrenvollen Frieden verschaft hat – Ein wundersames politisches Phänomen! Menschen, unter verschiednen Himmelsstrichen gebohren, nun in eine Nation zusammengeschmolzen. Provinzen, deren jede sich besondre Gesezze gemacht hat, zu einem großen Staats-Körper vereinigt, ohne gemeinschaftliches einzelnes Oberhaupt, ohne Adel, ohne herrschende Religion, im höchsten Wohlstande und Flor, den nur Freiheit, Frieden, gute Polizey, Handel, Wissenschaften und Künste gewähren können, von Tage zu Tage zunehmend, in brüderlichem Bündnisse mit ihren ehemaligen Vormündern, ein Muster, dem andre Völker nachstreben! Wie gern würde mancher Fürst, der damals von den amerikanischen Rebellen mit der tiefsten Verachtung redete, jezt mit großer Herablassung und Dankbarkeit von der amerikanischen Nation eine kleine Statthalterschaft für einen seiner Prinzen annehmen, wenn dies Volk es zu erkennen wüste, wozu ein Fürstensohn taugt! Wie gern verfertigte jezt ein Schriftsteller, der damals seine Federn gegen den Congreß wezte, eine Lobrede auf die vereinigten Provinzen, wenn ihm das ein Jahrgeld eintragen könte!

Selten also urtheilt die gegenwärtige Generation richtig über die großen Weltbegebenheiten ihrer Zeit; wenigstens wage sich niemand daran, der nicht oft den Versuch gemacht hat, mit philosophischem Blikke, ohne Systemgeist, unpartheiisch (so viel das möglich ist) über allgemeine Gegenstände der Politik, über die Vortheile und Nachtheile einzelner Staatsverfassungen und, an der Hand der Geschichte, über die Ursachen des Glanzes und des Sturzes älterer Reiche und Völker nachzudenken! Es wage sich nicht an diese Arbeit der Mann, dem die kleinern Lokal-Umstände fremd sind, der den Geist, die Stimmung, den Grad der Cultur der Nation, wovon die Rede ist, nur aus Büchern kennt! Es wage sich nicht an diese Arbeit der Stuben-Gelehrte, der bis dahin mehr mit verstorbnen, als mit lebenden Menschen umgegangen ist und der die gewaltigen Stürme des Lebens, welche Leidenschaften aller Art erregen können, nur von dem Fenster seines warmen Studier-Zimmers herab, in ihren fürchterlichen Folgen beäugelt, nie aber ein unmittelbar theilnehmender Zeuge dabey gewesen ist, und nie die ersten, oft sehr kleinen Ursachen der Entstehung beobachtet hat! Endlich wage sich nicht an diese Arbeit der Reisende, der das Land mit Postpferden durchstreicht und aus den Gesprächen der einzelnen Anhänger dieser und jener Parthey, die er bey seinem kurzen Aufenthalte in den Städten kennen lernt, den Stoff zu seinen allgemeinen Urtheilen entlehnt!

Nach solchen Voraussezzungen wird man mich nicht in den Verdacht haben, ich wolle diese Grundsäzze bey meinem Raisonnement über die französische Revolution verleugnen, oder ich hielte mich berufen, über dieselbe, so wie über die Vorzüge und Mängel der neuen Constitution zu entscheiden. Meine Absicht ist im Gegentheile, zu zeigen, wie wenig wir noch jezt im Stande sind, in dieser großen Begebenheit klar zu schauen, zu warnen vor übereilten Urtheilen, vor unzeitiger Furcht und vor blindem Eifer, und endlich aufmerksam zu machen auf die allgemeinern Grundsäzze, von denen wir ausgehn müssen, wenn wir etwas Passendes von der französischen Staats-Umwälzung und deren vermuthlichen Folgen sagen wollen.

Zweiter Abschnitt

Bemerkungen über gewaltsame Revolutionen überhaupt.

Nichts kömt mir alberner vor, als wenn man sich in moralischen und politischen Gemeinsprüchen über die Befugnisse und Nichtbefugnisse einer ganzen Nation, ihre Regierungsform zu ändern, ergießt; wenn man darüber raisonnirt, *was* ein Volk, wenn es sich empört, hätte thun sollen, und *wie* es hätte besser und gelinder handeln können und sollen, und ob zu viel oder zu wenig Blut dabey vergossen worden. Ja! wenn von einem Plane die Rede ist, den ein einzelner Mann entwirft; wenn die Frage ist: ob Brissac recht und weise handelte, als er, ehe Heinrich der Vierte sich auf dem Throne befestigt hatte, über dem Entwurfe brütete, aus Frankreich eine freye Republik zu machen; dann läßt sich vielleicht entscheiden, in wie fern er dazu Befugniß und Veranlassung hatte, ob er, bey der damaligen Stimmung und politischen Lage der Nation, sich mit einem glüklichen Erfolge schmeicheln durfte, oder nicht, und welche Mittel er hätte anwenden sollen und können, um seinen Zwek zu erreichen; wenn aber ein ganzes Volk, durch eine lange Reihe von würkenden Ursachen dahin gebracht ist, seine bisherige Regierungsform, die nicht taugte, die nicht in die jezzigen Zeiten, nicht zu dem gegenwärtigen Grade der Cultur paßte, in welcher sich der größte Theil der Bürger unglüklich fühlte, mit Gewalt über den Haufen zu werfen; wenn sie alle hierzu durch einen Geist belebt werden, den ihre elende, verzweifelte Lage in ihnen erwekt hat; wenn dies also nicht nach einem bestirnt angeordneten Plane, sondern durch einen Windstoß geschieht, der auf einmal das Feuer, das lange unter der Asche geglimt hatte, in helle Flammen auflodern macht – wer kann da Ordnung fordern? wer kann da bestimmen, ob zu viel, oder zu wenig geschieht? Schreibe dem Meere vor, wie weit es fortströhmen soll, wenn es den Damm durchbricht, den Jahrhunderte untergraben haben!

Und wenn auch bey solchen gewaltsamen Umwälzungen Scenen vorfallen, bey deren Anblikke die Menschheit zurükschaudert; wer trägt dann die Schuld dieser Gräuel? Ganz gewiß mehr die, gegen welche man sich empört, (oder vielleicht ihre Väter) als die Empörer selbst –Auf sie, die entweder durch despotische Mishandlungen das Volk aufs Äußerste gebracht, oder durch Beyspiel und Beförderung des schändlichsten Luxus und aller Wollüste wahren Seelen-Adel und Einfalt der Sitten in allen Klassen der Bürger zerstört, oder wenigstens, sorglos in ihrem Berufe, von boshaften, gleißnerischen, raubsüchtigen Schranzen umgeben, die Unterthanen der Verführung, der Plünderung und dem Drukke preis gegeben, es gegen jede Herrschaft, gegen jeden Zwang erbittert, alle Herzen von sich abgelenkt haben – Auf ihnen ruht die Sünde. Die Menschen im Ganzen lieben Ruhe und Frieden, sezzen nicht leicht den mäßigen aber sichern Genuß des Gegenwärtigen aufs Spiel, bey der Aussicht eines mühsam zu erkämpfenden ungewissen Künftigen; allein wenn der Despotismus es dahin gebracht hat, daß die Staats-Verfassung einem Kriege Aller gegen Alle ähnlich sieht; wenn jeder nimt, wo er ungestraft nehmen darf, niemand Gesezze anerkennt, sobald er sich Impunität erschleichen, ertrozzen, oder erwürken kann; wenn kein Eigenthum mehr respektirt wird; wenn kein Bürger sicher ist, den Erwerb seines Fleißes vor den Klauen der Raubthiere bewahren zu können; wenn man endlich doch Leben und Freiheit wagt, man spiele das große Spiel mit, oder nicht – wer wird es dann auch dem Sanftmüthigsten zum Verbrechen machen wollen, daß er, statt sich geduldig schinden zu lassen, mit drein schlägt, mit zugreift, da, wo so viel zu gewinnen, und keine andre Gefahr zu laufen ist, als die ihm, nicht weniger, täglich in seiner friedlichen Hütte drohte, als er sich auch nicht regte?

Überhaupt ist es ganz verlohrne Mühe, zu raisonniren über die Befugnisse eines Volks, seine Regierungs-Verfassung zu ändern. In den großen Plan der Schöpfung gehören diese Umkehrungen; sie sind unvermeidlich; sie werden herbeygeführt durch die Ebben und Fluthen der Cultur; die Menschen sind nur die Werkzeuge in der Hand der alles ordnenden Vorsehung. Ist der Zeitpunkt da, stimmen alle Umstände dazu ein; so sind alle Würkungen einzelner Leute, alle Anstalten der Regenten, alle Predigten und Deklamationen dagegen vergeblich. Das Recht des Stärkern ist in der ganzen Natur herrschend. Worauf sonst, als auf dieses Recht gründen die Despoten ihre Gewalt? womit sonst, als mit diesem Rechte des Stärkern machen sie uns, an der Spizze von hunderttausend Mann, die Gründe, worauf ihre Deduktionen gestüzt sind, anschaulich? Ist dies Recht aber nicht auf ihrer Seite; so haben auch ihre Gründe wenig Gewicht und sie müssen dem nachgeben, der mit mehr

Nachdruk den Beweis seiner Rechtmäßigkeit führt. Von der Natur sind nun einmal die Menschen nicht in Classen getheilt, nicht einige zum Gehorchen, andre zum Herrschen bestimt. Der Mensch, der sich von einem Menschen regieren läßt, thut dies entweder, weil er *muß*, oder weil er *will*. Er *muß*, wenn der andre stärker ist, sey es an Cörper, oder Geiste, oder durch Bündnisse mit Mehrern. Er *will*, wenn er sich behaglich dabey fühlt, oder wenn er in dem Wahne steht, der andre sey auf irgend eine Weise berechtigt, ihm Gesezze vorzuschreiben. Wenn aber kein Übergewicht da ist; wenn Liebe und Zutraun aufhören; wenn Unzufriedenheit eintritt und Wahn verschwindet – dann demonstrire einmal, drohe einmal, Fürst, Moralist, Staatsmann! und siehe zu, ob du etwas ausrichtest! Denn (möge auch der Saz noch so herbe klingen!) man kann dem Menschen die Nothwendigkeit der Erfüllung aller moralischen Pflichten unwiederleglich beweisen; aber ich weiß nicht, wie man es anfangen kann, einen Menschen zu überzeugen, daß er eine natürliche, angebohrne Verbindlichkeit auf sich habe, einem andern Menschen von Fleisch und Bein zu gehorchen, wenn er dies nicht glauben *will*, nicht glauben *muß*, oder nicht sein *Interesse* dabey findet, es zu glauben. Seine Vernunft sagt es ihm nicht; die Religion sagt ihm, daß er seiner Obrigkeit gehorchen solle; aber wer diese Obrigkeit seyn soll, und wer das Recht hat, sie einzusezzen, da wir keine Theokratien mehr haben; das sagt sie ihm nicht und das ist doch der Punkt, worauf es ankömt. Gegen Contrakte, die er nicht selbst geschlossen hat, wird er viel Einwendungen finden, wenn sie ihn drükken; die Beförderung der allgemeinen Ruhe, des allgemeinen Wohls kann einen Philosophen bewegen, Privat-Vortheile aufzuopfern, aber nicht den Pöbel – Diesen zum ruhigen Gehorsame zu bringen wenn man ihn, weder durch Wahn, noch Gewalt zwingen kann, dazu giebt es, ich sage es noch einmal, kein andres Mittel, als daß man in ihm den freyen Willen erwekke, *gern* zu gehorchen. Wie dies möglich zu machen sey, das soll noch, zur Erbauung aller Regenten, in diesen Blättern gezeigt werden, und ich zweifle nicht, einer von ihnen wird mich für dies Recept mit einer kleinen jährlichen Pension von einem paar tausend Thälerchen belohnen. Unter den zahlreichen Geschenken, die sie aus fremden Beuteln nehmen, würde dieses, denke ich, nicht am schlechtesten angelegt seyn; und ich will ihnen dann nie wieder ein Recept aufdringen.

Dritter Abschnitt

Anwendung dieser Säzze auf die französische Revolution.

Lasset uns nun, was ich von den großen Staats-Umwälzungen überhaupt gesagt habe, auf die französische Revolution anwenden! Unvermeidlich war sie, vorauszusehn war sie, mit allen ihren fürchterlichen Folgen; das wird jezt jeder Geschichtsforscher und Philosoph zugestehn müssen; aber dergleichen mit klaren Worten voraus zu verkündigen, das ist eine kizliche Sache, besonders in despotischen Staaten.

Seit Jahrhunderten seufzte Frankreich unter dem Drukke des fürchterlichsten orientalischen Despotismus. Bekant genug sind die gräulichen Schandthaten, die verheerenden Kriege und die innerlichen Unruhen, durch welche die Regierung der mehrsten Könige aus dem Hause Valois, besonders die des blutdürstigen Ludwig des Eilften und des verächtlichen Carls des Neunten, sich auszeichnete.

Der große, edle Heinrich genoß der ruhigen Tage zu wenige, um seinem armen Volke wieder aufzuhelfen; aber er lebte lange genug, um dies Volk mit der Glükseligkeit, einen guten und weisen König zu haben, bekant zu machen, damit es desto lebhafter den Contrast dieser Zeiten mit den vorigen und nachherigen Regierungen fühlen mögte; und so gab er selbst der Nation den Unterricht, was sie von ihren Königen einst fordern, das Beispiel, worauf sie ihre Monarchen einst hinverweisen könte.

Die männlichen und weiblichen Vormünder des bis zu seinem Tode minderjährigen, schwachen Ludwig des Dreizehnten verschafften Frankreich Ansehn von Außen, und Armuth, Sklaverey und Zerstöhrung aller Moralität von Innen.

Auf die tiefste Stufe der Erniedrigung aber wurde die Nation durch den Monarchen Mazarin und nachher durch den kindisch eiteln Tyrannen, der sich den Beynamen des großen Ludwigs geben ließ, herabgestürzt. Die Regierung dieses abscheulichen Menschen war eine ununterbrochene Reihe von glänzenden Niederträchtigkeiten, Grausamkeiten und Verwüstungen. Er spielte mit dem Leben, dem Eigenthume, der Ehre, der Freiheit, der ganzen bürgerlichen, physischen, moralischen und intellektuellen Existenz seiner Mitbürger. Kaum hatte der magre Aachensche Frieden dem Blutvergießen ein Ende gemacht; so fing er, ohne alle andre Ursache, als weil er seinem Nebenbuhler um Ruhm, Wilhelm von Oranien, die Größe beneidete, welche er nicht erreichen konte, einen neuen Krieg an, der mit dem für Frankreich eben so nachtheiligen Ryswikkischen Frieden, geschlossen wurde. Jeder Staat, der seinem niedrigen Hochmuthe ein Opfer versagte, wurde von ihm genekt, angegriffen und von seinen Räuber- und Banditen-Heeren zu einem Schauplazze grausamer Ermordungen, Verheerungen und Mordbrennereyen gemacht. Das nante er dann Siege und ließ sich dafür von feilen Dichtern lobpreisen und von Malern und Bildhauern der Verachtung der freyen Nachwelt ausstellen. Indeß Hunderttausende in seinem Namen erwürgt wurden, bauete er asiatische Palläste, in denen er mit Histrionen, Schranzen und geilen Weibern Ballette tanzte und Unzucht trieb. Ihm waren beschworne Verträge und das königliche Ehrenwort Kinderpossen, und gleich als wenn ihm die weltlichen Händel nicht Gelegenheit genug gegeben hätten, wie ein reißendes Thier unter friedlichen Menschen herumzufahren, riß er den grausamen und heuchlerischen Pfaffen den Dolch und die Fakkel des Fanatismus aus der Hand und stürzte damit unter seine treuesten und fleißigsten Unterthanen, von denen indeß der fünfte Theil doch seiner Mordlust glüklich entwischte, auswanderte und Wohlstand und Segen mit sich fort in fremde Provinzen trug. Allein seine Lieblings-Waffen waren unredliche Politik, Cabale, Ränke und Bestechungen; mit diesen verbreitete er Mistrauen und Zwist an auswärtigen Höfen und tödtete edle Gesinnungen und große Gefühle in den Herzen seiner Unterthanen. Noch galt er für einen eminenten, glänzenden, gefürchteten Bösewicht; aber auch diesen Schimmer von Größe nahm das Glük ihm im spanischen Successionskriege, in welchem seine, nur für seine Eitelkeit fechtenden Heere fast immer geschlagen, seine Provinzen entvölkert und die Schulden gehäuft wurden. Am Ende seiner Tage blieb dem Elenden keine andre Wonne übrig, als, umgeben von Bettlern, mit der alten Vettel, die er sich hatte zum Eheweibe aufschwäzzen lassen, die Sünden, die er gern noch länger begangen hätte, am Rosenkranze abzubeten. Sprechet, was hatte dieser Bösewicht vor den Vitellien, Diokletiane und Heliogabeln voraus? O! er stand tief unter ihnen.

Diese schwachen Tyrannen konten doch noch einen Theil ihrer Schuld auf das Glük und die Verblendung eines Volks schieben, das sich vergriffen hatte, als es ihnen ein Loos zutheilte, dessen sie sich so unwürdig zeigten; auch war die Stimmung des damaligen Zeitalters rauher; aber Ludwig, mit den herrlichsten Anlagen, wenigstens zum Privatmanne, von der Natur ausgerüstet, unter einer Nation und in einer Periode gebohren, die sich durch mildere Sitten auszeichneten, ein Liebhaber und Kenner der schönen Künste – nein! von ihm kann nichts den Fluch abwenden, den so viel Millionen Menschen seinem Andenken nachschikken.

Man könte sich wundern, daß nicht schon damals die französische Nation aus dem fürchterlichen Schlafe erwachte, in welchen der Despotismus sie hineinmanipulirt hatte, daß sie nicht schon damals aufsprang und die unnatürlichen Fesseln abschüttelte, wenn man nicht Rüksicht nehmen müßte, auf ihren herrschenden Charakter und auf das Zusammentreffen vieler Umstände. Sie war von je her gewöhnt, einem einzelnen Beherrscher zu gehorchen, hielt dies für die Ordnung der Natur, liebte enthusiastisch die monarchische Verfassung und ihre Könige; der äußere Glanz der Thaten, wodurch sie sich, obgleich als Maschine eines hochmüthigen, eiteln Thoren, in den ersten glüklichen Kriegen verherrlichte und andre Völker demüthigte, kizelte den Nationalstolz; der Leichtsinn, der den Franzosen so eigen ist, ließ sie das Elend nicht wahrnehmen, in welches sie nach und nach hineingezogen wurden. Der Prunk der Schauspiele und Feste blendete ihre Augen, wirkte auf ihre Sinnlichkeit, riß die Bürger aller Classen in einen Strudel von Zerstreuungen hinein. Sie sangen, wizzelten und tanzten den Hunger weg. Noch herrschte in dem an Hülfsquellen so reichen Frankreich keine so allgemeine Noth und die nicht irgend eine komische Seite gehabt hätte, auf welche ein lustiger Franzose ein Epigram machen konte; und dann lachte das ganze Volk mit. Die ärgsten Raisonneurs schwiegen auch, oder wurden gar in Lobredner verwandelt, wenn sie einen Brokken von der allgemeinen Beute erhaschen, sich durch Creaturen von Creaturen ein Ämtchen, oder ein Jahrgeld erbetteln konten; ein großer Theil der Nation vergaß das Murren unter dem Geräusche der Waffen – und kurz! die ärgsten Wirkungen des despotischen Unfugs wurden erst unter den folgenden Regierungen recht sichtbar.

Die Regentenschaft des Herzogs von Orleans vollendete den Ruin und die Corruption des französischen Volks, und seine Administration zeichnete sich durch Bubenstükke und Laster aller Art aus, obgleich er selbst mehr ein schwacher Wollüstling, als ein unternehmender Bösewicht war.

Ludwig des Fünfzehnten Zeiten sind uns noch so nahe; die Inkonsequenzen und Abscheulichkeiten dieser Regierung; die Diebstähle aller öffentlichen Staats-Bedienten; die in den gesegnetesten Jahren durch die königlichen Getreidepächter künstlich erregte Hungersnoth; die gräuliche Finanz-Verwaltung; die höllische Wirthschaft der raubgierigen und ränkevollen Maitressen; die muthwillig verlohrnen Schlachten, in welchen tapfre Krieger von unbärtigen Knaben, von unwissenden Creaturen der Dame Pompadour und von erkauften Schurken auf die Schlachtbank geliefert wurden; die heimlichen Einkerkerungen und Ermordungen edler Männer, die das Unglük hatten, den Haß der verschwornen Rotte auf sich zu laden; die lettres de cachet; die heillosen Verschwendungen – das Alles ist uns noch in frischem Andenken.

Und so erbte dann der arme, gutmüthige Ludwig der Sechzehnte den Thron, auf welchem er ein Volk beherrschen sollte, das in Noth, Armuth und Verzweiflung schmachtete; der Staat war mit Schulden belastet, das tiefste Verderbniß der Sitten in allen Ständen verbreitet, die wichtigsten Ämter im Reiche hatte man an Bösewichte verhandelt, die tausendmal des Galgens werth waren, an welchem Einige von ihrer Bande nachher ihre rühmliche Laufbahn geendigt haben; der Adel übte ungestraft die ärgste Tyranney gegen den unglüklichen Bauernstand; aus Mangel an Geld und Kredit ruheten die mehrsten Nahrungszweige, die dem Bürger hätten aufhelfen können, bey welchem noch obendrein der verheerende Luxus die unnüzzen Bedürfnisse vervielfältigt hatte; nur der verächtlichste Theil derselben, der sich in den Hauptstädten von diesem Luxus nährte, erschwang sich so viel, daß er den Großen in ihrer Verschwendung nachahmen konte; die Erpressungen aller Art gingen indessen fort; die Auflagen waren unerträglich und unnatürlich; die

Geistlichkeit steuerte nichts und verschwelgte in sittenloser Üppigkeit, was der unglükselige Landmann, im Schweiße seines Angesichts und mit heißen Thränen herbeyschaffte. Der Frieden gab der Nation Muße, diesem allen nachzudenken; das Volk durch Feste zu übertäuben, dazu fehlte es auch an Mitteln; was aber vollends die fürchterlichsten Folgen prophezeyete, war die durch den Despotismus selbst beförderte, nun täglich allgemeiner sich ausbreitende Aufklärung. Eine gewisse raisonnirende Philosophie, die, wenn sie, unter weniger unglüklichen äußern Umständen, von Einfalt der Sitten begleitet ist, die Menschen lehrt, mit ihrem Zustande zufrieden zu seyn, unvermeidliche Widerwärtigkeiten zu ertragen, den Mangel an Wohlstand durch verdoppelte Mäßigkeit zu ersezzen und ihre innere Gemüthsruhe nicht durch gefährliche Plane auf eine ungewisse Zukunft zu stöhren; diese Philosophie, sage ich, hatte einen Anstrich von Bitterkeit angenommen. Sie öfnete dem Volke die Augen über seinen verzweifelten Zustand, erwekte in ihm das Gefühl, nicht länger mehr die schändlichsten Mishandlungen ertragen zu können; man fing an, über ursprüngliche Menschenrechte, über den Beruf der Könige, über die Gültigkeit der Privilegien des Adels und über Pfafferey und Hierarchie laut zu reden und zu schreiben.

Indessen hofft man immer alles von jeder neuen Regierung; also erwartete man auch von Ludwig dem Sechzehnten Milderung des allgemeinen Elendes, Abschaffung der Misbräuche – aber man wartete lange vergebens. Was er hätte thun können und sollen, was die Königin zum Besten gewirkt hat, oder nicht gewirkt hat, ob man die Finanzen besser verwalten, den unnüzzen Aufwand einschränken, redlicher und ofner hätte verfahren können; darüber lasset uns jezt nicht raisonniren! – genug! dem Jammer wurde nicht abgeholfen und die Unruhe und die Gährung nahmen zu. Nun berief man denn endlich die Stände des Reichs; allein von der einen Seite waren schon die Forderungen der lange Zeit mishandelten, oft getäuschten, so genanten untern Stände zu hoch gespant, von der andern schienen Adel und Geistlichkeit gar nicht zu ahnden, daß die Zeit, Übermuth zu zeigen, ererbte Verdienste gelten zu machen und durch Verjährung geheiligte Misbräuche aufrecht zu erhalten, verstrichen wäre. Man sprach wohl von freywilligen, ansehnlichen

Beyträgen, von großmüthigen Aufopferungen, aber der tiers état fand diese Sprache nicht mehr passend. Er war nicht mehr zu überzeugen, daß er, der größere, wichtigere und arbeitsame Theil der Nation, gebohren seyn könte, länger die untergeordnete Rolle zu spielen, sich taxiren, sich im Blinden führen, sich nicht nach bestimten Gesezzen, sondern nach Willkühr regieren zu lassen. Alles Zutrauen, aller guter Wille war verschwunden – Mögen immerhin bösgesinte Stürmer das Feuer angeblasen haben! Genug, dies Feuer war da, glimte in allen Ekken, mußte unvermeidlich einmal mit Ungestüm ausbrechen.

Was für Auftritte nachher erfolgt sind, das ist bekant genug – Noch einmal! ich vermesse mich nicht, darüber zu urtheilen und glaube nicht, daß irgend jemand bey *der* Lage der Sachen, sagen dürfe: »das hätte man thun, das unterlassen sollen.« Ich glaube, daß die Anarchie kein Werk einzelner Aufrührer, sondern die unvermeidliche Folge der abscheulichen Behandlung ist, durch welche man das Volk aufs Äußerste getrieben hatte. Ich glaube endlich, daß die Deputirten zwar ihre Vollmachten überschritten sind, daß sie aber dem Geiste des grösten Theils der Nation gemäß gehandelt haben, und daß, wenn sie weniger gethan hätten, neue Empörungen gefolgt seyn würden, bis doch alles endlich auf diesen Punkt des allgemeinen Umsturzes alles dessen, was irgend mit der ehemaligen Staats-Verwaltung zusammenhing, gekommen seyn würde. Dies alles wird schon dadurch bestätigt, daß das Volk freywillig zu Deputirten der zweyten Versamlung noch eifrigere, kühnere Männer (oder vielmehr leider! Jünglinge) gewählt hat, welche die Einschränkungen der königlichen Gewalt noch viel weiter treiben. Schwerlich hätte man zum Beyspiel, bey der jezzigen Stimmung, die Einrichtung von zwey Kammern, wie in England, zu Stande gebracht; und wäre es geschehn: so würden bald die dem Despotismus und den vorigen Misbräuchen ergebnen höhern Stände, neue Trennungen bewirkt haben – So glaube ich; aber ich verlange nicht, irgend jemand zu meinem Glauben zu bekehren.

Über diese Revolution, über die neue Constitution und über die Schritte der National-Versammlung muß man jezt so manche widersprechende Urtheile hören und lesen, daß man in der That immer vorsichtiger in seinen Entscheidungen werden sollte. Von Einer Seite schildert man uns diese große Begebenheit als das Werk der verachtungswürdigsten, eigennüzzigsten Bösewichte, Aufrührer und Königsmörder, verschworen das ganze Reich in Elend und Verwirrung zu stürzen, um im Trüben zu fischen. Man schildert uns, die Beschlüsse der Deputirten, als ein Gemische von schreyenden Ungerechtigkeiten und thörichten Hirngespinsten und die Ausschweifungen des Pöbels als unerhörte, nie gesehene Greuel, planmäßig von den Verschwornen veranstaltet. Endlich prophezeyet man dem armen Frankreich den gänzlichen Ruin, oder eine nahe bevorstehende Umkehrung der Dinge durch eine Contre-Revolution und die Einmischung der übrigen europäischen Mächte. Von der andern Seite erheben die Freunde der Revolution dieselbe, mit allen ihren schon erlebten und noch zu erlebenden Folgen, bis in den Himmel. Sollen wir ihnen glauben; so ist, so lange die Welt steht, noch keine größere, der Menschheit wichtigere und wohlthätigere Begebenheit vorgefallen. Sie lassen uns alle dabey verübten Gewaltthätigkeiten, als nothwendige, durch die Größe des Zweks geheiligte Mittel ansehn. Sie schildern uns die Männer, welche bey diesen Unternehmungen vorangegangen sind, als die edelsten, weisesten, uneigennüzzigsten, kraftvollsten Helden und Philosophen und verkündigen nicht nur der französischen Nation von jezt an die ruhigste, glüklichste Periode, ein goldnes Zeitalter, sondern allen übrigen europäischen Staaten eine baldige Nachfolge. Die gemäßigtere Parthey billigt den Zwek, tadelt aber die Mittel; oder findet, daß man im Ganzen zu weit gegangen sey; oder hoft, daß diese allgemeine Gährung nach und nach alle Gemüther zum Frieden geneigt machen, daß man von beyden Partheyen die Saiten herabstimmen, und am Ende eine monarchische Staatsverfassung wieder herstellen werde, doch also, daß die Gewalt des Königs und der Minister, durch die Mitwirkung gewisser Volks-Representanten, beschränkt sey. Nur Wenige sind weise genug, sich aller entscheidenden Urtheile zu enthalten, das, was geschehn ist, wie unvermeidliche Folge vorhergegangener Misbräuche zu betrachten und die beste Entwiklung von der gütigen und weisen Vorsehung zu erwarten.

Wundern wir uns nicht über die große Verschiedenheit dieser Meinungen! Selbst zwey gleich unpartheyische, gleich einsichtsvolle

Reisende können, was sie während dieser Unruhen in Frankreich sehen, aus sehr verschiednen Gesichtspunkten betrachten. Der Eine, wie zum Beyspiel der Herr Rath Campe, durchreist, ehe er den französischen Boden betritt, Gegenden, in welchen von allen Seiten der Anblik der Noth, der Niedergeschlagenheit, der Sklaverey, welche des armen Landmanns Erbtheil in so manchen Provinzen sind, und des Übermuths und der willkührlichen Anmaßungen der höhern Stände sein moralisches Gefühl empört hat; und nun wird er auf einmal auf einen Schauplaz versezt, wo ein, von der eben mühsam errungnen (wahren, oder, wäre das auch, eingebildeten) Freiheit wonnetrunkenes Volk ihm entgegen jubelt; wo er, im Geräusche dieser allgemeinen Trunkenheit, keinen Seufzer, keine Klage hört; wo die ganze Nation, zu einem herrlichen Feste vereinigt, in dem Augenblikke der Berauschung, alle Privat-Uneinigkeiten und allen Partheygeist vergißt, wo Freund und Feind Hand in Hand um den Altar der Freiheit den Reyhen tanzen, und wo er, in diesem ungeheuren Gewühle, doch auch nicht eine einzige Scene von Unordnung oder Gewaltthätigkeit wahrnimmt, ohne welche in monarchischen Staaten selten das Geburtsfest irgend eines, der Menschheit sehr unwichtigen und unnüzzen Großen gefeyert werden kann – Wen kann es befremden, wenn dieser Mann, bezaubert von dem vorher noch nie genossenen, einzigen Anblikke in seiner Art, von einem Anblikke bezaubert, der den gefühllosesten Menschenfeind mit Wonne und Bewunderung erfüllen müste, wenn dieser Mann, sage ich, sein Herz sich erweitern fühlt, und diese Empfindung sich in ihm erneuert, indem er die Scenen schildert, wobey er ein Zeuge gewesen, wenn er dann mit Wärme einer Revolution das Wort redet, die, wenigstens nach dem, was er gesehn und gehört hat, so viel Millionen Menschen glüklich und froh macht? –Wehe dem verächtlichen Sklaven, der deswegen von dem Kopfe oder von dem Herzen dieses Mannes nachtheilig urtheilen, oder gar es versuchen wollte, ihn, wegen einiger kühnen Ausdrükke oder einiger vielleicht (doch nur vielleicht) übertriebnen Deklamationen, verdächtig oder lächerlich zu machen![1]

---

[1] Ich, der ich dies sage, bin gewiß einer von denen, unter welchen Herr Campe am wenigsten seinen Lobredner suchen würde; allein der Unfug, den sich, während ich an diesen Blättern schrieb, ein feiler, unberühmter Fürsten-Schmeichler gegen diesen verdienstvollen Schriftsteller erlaubt hat, bewegt mich, der Wahr-

Ein andrer, nicht weniger hellsehender Reisender, kömmt in eine französische Stadt, wo grade der noch nicht beruhigte Pöbel sich gegen wahre oder vermeintliche Unterdrükker Grausamkeiten aller Art erlaubt, den Gesezzen und der Polizey trozt, die jugendliche Kraft, und die ihm noch neue Freiheit misbraucht, wie Jünglinge, die eben dem Schul-Zwange entkommen sind, ihre Unabhängigkeit zu misbrauchen pflegen; er eilt erschüttert hinweg von diesem Schauplazze blutiger Gewaltthätigkeiten; auf der Rükreise schließt sich einer von denen an ihn, die bey der Revolution, vielleicht ohne alle Schuld, Vermögen, bürgerliche Ehre und Sicherheit eingebüßt haben. Dieser unterhält ihn mit den schreklichen Auftritten, die in seiner Provinz vorgehen; mit Thränen in den Augen schildert er ihm die Noth seiner verlassenen, ehemals wohlhabenden, nun dürftigen, unglüklichen, flüchtigen Familie, die zerstörten Palläste, die Wohnungen, wo sonst Frieden und häusliches Glük zu Hause waren, jezt in Steinhaufen verwandelt, auf denen man unschuldige Bürger mordet – Befremdet es Euch, wenn dieser Reisende ein Bild von der französischen Revolution entwirft, das jenem, wie die Hölle dem Himmel ähnlich sieht?

Allein nicht nur in der Verschiedenheit der einzelnen Scenen, die ein Fremder in Frankreich wahrnehmen kann, je nachdem er zu dieser, oder zu einer andern Zeit, in dieser oder einer andern Provinz seine Bemerkungen sammelt, liegt der Grund des Widerspruchs in den Urtheilen über die französische Staats-Umwälzung, sondern auch in den Verhältnissen, Stimmungen und herrschenden Ideen der Menschen selbst, die darüber reden und schreiben.

---

heit mein Opfer zu bringen. Die Schritte, die man seit Kurzem gegen jeden unpartheyisch frey redenden und denkenden Mann unternimmt und die heimlich von einer gewissen, sehr bekannten Gesellschaft geleitet werden, der daran gelegen ist, daß das Licht nicht durch die Finsterniß dringe, machen es dem Häuflein unbestochner Wahrheits-Freunde zur Pflicht, ihre kleinen Privat-Zwistigkeiten zu vergessen und sich brüderlich die Hand zur Versöhnung und zur gegenseitigen Vertheidigung zu reichen. Von jezt an, bis sich die Zeiten ändern und Herr Campe dessen nicht mehr bedarf, biethe ich ihm von Herzen jeden Dienst an, den ich ihm mündlich, schriftlich und thätig zu leisten im Stande bin.

Wer bis dahin eine Herrschers-Rolle gespielt hat und nicht ganz gewiß ist, daß, sobald es auf freywillige Wahl ankäme, die Untergebnen lieber ihm, als einem Andern gehorchen würden, der zittert vor der Möglichkeit, daß man ihm, wenn der Revolutionsgeist allgemein würde, diese Haupt-Rolle abnehmen und eine untergeordnete anweisen könnte. Deswegen giebt es unter den großen und kleinen Monarchen so wenige, die auf die neue Ordnung der Dinge gut zu sprechen sind – vom Länder- und Völker-Beherrscher und Scepter-Führer an, bis auf den Schul-Monarchen herab, der fürchtet, die Discipuli mögten ihm den Bakulum aus der Hand winden. Fast alle, bey den alten Einrichtungen interessirte, an empfangne Huldigung und passiven blinden Gehorsam gewöhnte Personen reden der willkührlichen Gewalt das Wort.

Personen, die in solchen Ämtern und Würden stehen, welche man in freyen Staaten für unbedeutend, unnüz oder gar für verächtlich und schädlich hält, Hofschranzen und andre besoldete, pensionirte und bepfründete Müßiggänger, können den Gedanken nicht ertragen, daß ein System Anhänger finden mögte, das ihre ganze Existenz vernichtet, indem es nur dem Fleiße und dem wahren Verdienste Achtung, Vorrechte und Vortheile einräumt.

Solche Fürsten und Edelleute, die sich bewust sind, daß sie gar nichts mehr seyn würden, wenn sie aufhören sollten, Fürsten und Edelleute zu seyn;

Auch manche bessere, verdienstvollere Männer unter diesen, die aber von Jugend auf mit den Vorurtheilen ihres Standes aufgewachsen und gewöhnt sind, Dinge, deren Werth jezt in Frankreich gänzlich verrufen ist, wo nicht wie Schäzze voll inneren, ächten Gehalts, wenigstens wie eine, durch den Stempel der Convention gewürdigte, nüzliche Waare zu betrachten;

Geadelte Bürger und alle solche Personen, die es sich haben Mühe und Geld kosten lassen, in eine Klasse hinaufzurükken, mit Ständen in Verbindung zu kommen, die sie außerdem vielleicht verachten würden;

Hohe und niedre Geistliche aller Bekenntnisse, die so gern Religion und Gottes-Verehrung, Theologie, Dogmatik, Kirchen-System und Christuslehre mit einander verwechseln, ihr Amt zu einem besondern Stande im Staate erheben und ihre Sache zur Sache Gottes machen;

Solche Menschen, die überhaupt gegen jede Neuerung eingenommen sind und es gern beym Alten lassen;

Schmeichler; feile, kriechende Schriftsteller, wie der elende Professor Hoffmann in Wien Einer ist, und alle solche Insekten, die unbemerkt herumkriechen und sich fürchten müsten, zertreten zu werden, wenn sie sich nicht in das Unterfutter der Großen dieser Erde einnisteten; an Leib und Seele arme Schlukker, die sich von den Brosamen nähren, welche von der Herren Tische fallen;

Gutmüthige, furchtsame, mitleidige, gefühlvolle und sanguinische Menschen, welche durch die Schilderung der verübten Gewalttätigkeiten erschüttert und empört werden;

Unterthanen guter Fürsten, besonders in dem nördlichen Theile von Teutschland, die, unter milden Regierungen, bey dem ruhigen Genusse ihres Eigenthums und ihrer Freiheit, gar keinen Begriff vom Despotendrukke haben und – o! der glüklichen Unwissenheit! – das Bedürfnis einer andern Verfassung nicht kennen;

Alle diese stimmen mehr oder weniger lebhaft die allgemeine Meinung gegen die französische Revolution. Man kann ihnen, was die nachtheiligen Eindrükke betrifft, welche sie bewirken, noch diejenigen zugesellen, die, aus unvernünftigem Eifer, ohne Kenntniß der Sache, aus unbändigem Freiheitssinne, aus ungerechter Unzufriedenheit mit den Regierungen, welche nicht so hohe Begriffe, wie sie selbst, von ihren Verdiensten haben, sich unberufen zu ungeschikten Vertheidigern aufwerfen.

Man sollte meinen, die neue Verfassung müste in republikanischen Staaten die eifrigsten Verfechter finden; allein es zeigt sich fast allgemein das Gegentheil. In England affektirte man anfangs dieser großen Begebenheit gar keine Aufmerksamkeit zu widmen. Erst in der Folge hat man mehr Wärme für die Sache, besonders unter denen wahrgenommen, die mit den jezt in England einreißenden Misbräuchen in der Verfassung unzufrieden sind. Dagegen hat sich der Sophist Burke durch eine Schmähschrift, in welcher er seine großen Talente zu falscher Darstellung und Verdrehung offenbarer Thatsachen misbraucht, die Gunst des Ministers erbettelt, um ein Jahrgeld zu erlangen, das er zu theuer mit der allgemeinen Verachtung erkauft. Die Widerlegung, womit der edle Paine ihn zu Boden geschlagen hat, verdient von Freunden und Feinden der Revolution gelesen zu werden.

Was man in Holland über diese Gegenstände urtheilt, kann kaum hierher gehören; denn die vereinigten Niederlande haben jezt, weniger als jemals, eine republikanische Verfassung.

In der Schweiz sind die großen aristokratischen Cantons, wie sich's begreifen läßt, gegen die Sache und die kleinern, glüklichen freyen, halten sich wenig mit politischen Raisonnements über fremde Verfassungen auf. In den italienischen Freystaaten herrscht ein Ton in der Staatsverwaltung, der zu den in Frankreich angenommnen Grundsäzzen gar nicht passen will.

Unter den teutschen kleinen Freystaaten ist vielleicht Hamburg der einzige, wo man sehr viel warme Bewundrer der neuen französischen Verfassung findet.

Im Ganzen scheint der Nationalstolz der Republiken, bey dem Genusse ihrer errungnen Freiheit, andern Ländern eben auf die Weise den Besiz dieses Guts zu misgönnen, wie ein Cavalier von alter Familie dem Parvenü und dem geadelten Bürger nicht gewogen zu seyn pflegt.

Diese Bemerkungen treffen aber auf keine Weise die vereinigten Staaten von Nord-Amerika; denn dort herrscht allgemeine Wärme für die französische Revolution. Gegenseitige Dankbarkeit knüpfen beyde Nationen an einander – edle Gefühle, die in despotischen Staaten von Eigennuz und Politik erstikt, aber da heilig gehalten werden, wo wahre Tugend allein Anspruch auf Achtung und Ehrerbietung geben kann! In Amerika haben die Franzosen den Werth der Freiheit kennen gelernt und dort hat sich einer ihrer ersten Männer, ja! gewiß einer der edelsten Männer in der Welt, Fayette ausgebildet. Von der andern Seite verdanken die nordamerikanischen Staaten gröstentheils den Franzosen ihre errungene Unabhängigkeit.

Gegen die Menge derer nun, die wir als nicht unpartheyische Gegner der französischen neuen Verfassung angeführt haben, kann der Haufen derer, die in Europa davor eingenommen sind, freylich nur sehr klein seyn, und selbst unter diesen können wir die nicht für competente Richter gelten lassen, welche, ohne eigentliche Überlegung und ohne Kenntniß der Sache, aus blindem Feuer-Eifer für alles Neue und Außerordentliche, die Parthey jeder Umkehrung der Dinge nehmen. Solche Menschen schaden auch der besten Sache durch ihr Lob. Wie unbeträchtlich bleibt daher nicht die Anzahl der unpartheyischen und gründlichen Beurtheiler jener wichtigen Begebenheit und wie wenig beweist die größere oder kleinere Anzahl der Tadler oder Vertheidiger *vor* oder *gegen* dieselbe?

Es bleibt noch eine dritte Klasse von Menschen übrig, nämlich die, welche ihre Meinung darüber gar nicht sagt. Sie besteht theils aus Furchtsamen, die es mit keiner Parthey verderben wollen, theils aus solchen, die sich über nichts bestimmt zu erklären pflegen, sondern die schaafsköpfige Gewohnheit haben, es immer erst abzulauern, wie eine Sache ausfallen wird, und dann hintennach zu versichern: das hätten sie gleich also vorausgesehn.

Ich glaube nun hinlänglich erwiesen zu haben, daß jezt noch jedes bestimmte Urtheil über das, was in Frankreich geschehn und was davon zu erwarten ist, übereilt seyn würde. Man wende dagegen nicht ein, daß wir offenbare Thatsachen vor uns haben, nach denen wir unsre Meinung berichtigen können! Diese Thatsachen werden uns von Zeitungsschreibern, Journalisten und andern Schriftstellern oft äußerst unvollständig, verstümmelt und entstellt vorgetragen. Nicht Jeder will, nicht Jeder darf schreiben, wie und was er gern schreiben mögte. Vielen von diesen Nachrichten fehlt es durchaus an historischer Glaubwürdigkeit; durch die Art der Darstellung kann jedes Faktum eine ganz andre Gestalt gewinnen. In Frankreich kann jezt fast nicht ein einziger Mensch für einen unbefangenen Zuschauer gehalten werden; der Reisende sieht die größern Wirkungen, aber selten die kleinen Triebfedern; und wenn er uns diese so schildert, wie er sie sich denkt, oder wie ihm andre Leute die Sache vorgestellt haben, uns aber den Beweis schuldig bleibt; – ein Fehler, den einige Schriftsteller, bey Erzählung der merkwürdigen Vorfälle vom fünften und sechsten October begangen haben! – so darf man wohl auf alle Weise vor zu viel Leichtgläubigkeit und voreiliger Beurtheilung warnen.

Alles, was ein unpartheyischer Mann sich daher erlauben darf, über diese große Begebenheit zu sagen, wird, meiner Meinung nach, sich ungefehr auf Folgendes einschränken müssen.

Die französische Revolution wurde unvermeidlich herbeygeführt durch eine Kettenreihe von Begebenheiten und durch die Fortschritte der Cultur und Aufklärung.

So wie die vorige Regierungs-Verfassung war, konnte sie, bey dermaliger Stimmung der Nation, nicht bleiben.

Verkehrte Maaßregeln, welche die Hofparthey gleich anfangs nahm, erbitterten das Volk, vermehrten das Mistraun und bewirkten Gewaltthätigkeit.

Die Lebhaftigkeit des National-Charakters ließ voraussehn, daß nun schnelle und rasche Schritte folgen müsten, und es würde albern seyn, bey allen diesen Umständen, von Franzosen etwas anders zu erwarten.

Alle Gewaltthätigkeiten aber, die vorgegangen sind, alle Ermordungen, alle Plünderungen, Mordbrennereyen, Ausschweifungen und überhaupt alle gesezlose Handlungen sind, in Vergleichung mit den Unordnungen und Greueln, womit von je her ähnliche, ja! viel geringre Vorfälle bezeichnet gewesen, für nichts zu rechnen. Diese Revolution ist eine große, beyspiellose und, sie falle aus, wie sie wolle, sie sey rechtmäßig oder widerrechtlich unternommen worden, der ganzen Menschheit wichtige Begebenheit. Ein Krieg, den irgend ein ehrgeiziger Despot, zu Befriedigung seiner kleinen Leidenschaften führt; ein Krieg von der Art, wie der war, zu welchem Louvois seinen Herrn aufhezte, damit er den Grad von Wichtigkeit wieder erlangen mögte, den er durch einen Fehler in der Baukunst verlohren hatte – so ein Krieg kostet tausendmal mehr Blut und unschuldiges Blut, und zu welchem Zwekke? Ob Gibraltar den Engländern, oder Spaniern gehört, das ist gewiß für die Welt, und vielleicht für das wahre Glük der beyden streitenden Nationen selbst, ein ziemlich unbedeutender Umstand; und dennoch hat der Kampf um diesen Felsen in einigen Stunden mehr Menschen, die gar nicht dabey interessirt waren, das Leben geraubt, als ein jahrlanger Kampf um Freiheit und Gesezze in Frankreich. Alle Gewaltthätigkeiten, über die man so unbändig schreyet, übertreffen wenigstens nicht die Greuel, die man im Jahre 1790, mitten im Frieden, bey dem Matrosen-Pressen in England, im Namen der Regierung verübte. In den Zeiten der Ligue und während der unglüklichen Religions-, oder vielmehr Pfafferey-Kriege (denn es giebt keine Religions-Kriege) war Frankreich ein Schauplaz viel größerer Unordnungen – und über dies alles empört sich das Gefühl der vorgeblichen Menschenfreunde nicht. Daß ein Landesvater Tausende seiner Kinder, (daß es Gott erbarme!) das heist seiner Unterthanen stükweise verhandle, um sie irgendwo, fern von ihrem Vaterlande, todtschießen zu lassen, wenn damit Geld zu verdienen ist, wovon nachher Buhlerinnen und Müßiggänger unterhalten werden; das erlauben ihm die Menschenfreunde; aber wenn bey so einer allgemeinen Gährung der unbändige Pöbel unter zehn Schelmen auch vielleicht, in der blinden Wuth, ein paar ehrliche Leute, gegen welche man Verdacht hat, aufhenkt; so wird davon ein Lerm gemacht, als wenn kein Mensch in Frankreich seines Lebens sicher wäre.

Untersuchen wir unpartheyisch die Grundsäzze, auf welchen die neue Constitution beruht; so ist es unmöglich, zu leugnen, daß sie den Stempel der gesundesten, reinsten Vernunft tragen. Was die hellsten Köpfe aller Zeitalter einzeln über Menschen-Rechte, Menschen-Verhältnisse und über die reinen Zwekke aller gesellschaftlichen Verträge gesagt haben, das findet man hier in der einfachsten, deutlichsten Ordnung dargestellt und zum Fundament einer Gesezgebung hingelegt, wie es noch nie eine natürlichere, gerechtere in irgend einem Lande der Welt gegeben hat. Ob sie in der Ausübung möglich, und ob die französische Nation dazu reif ist, das gehört zu den Dingen, worüber uns nur die Zeit aufklären kann; aber das behaupte ich, daß es keinen glüklichern Menschen auf Erden geben könne, als einen König, den ein, nach diesen Grundsäzzen regiertes, diesen Gesezzen gehorchendes, nach diesen Begriffen von Recht und Billigkeit handelndes Volk würdig gefunden hat, ihn freywillig an die Spizze des Ganzen zu stellen. Der Erste von vier und zwanzig Millionen *freyen* Menschen zu seyn, die keinen andern Vorzug anerkennen, als den Tugend, Weisheit und Fleiß gewähren; dabey die Ausübung alles Guten in Händen zu haben, ohne Verantwortung und ohne die Furcht, durch seine Leidenschaften irgend eines Bürgers Unglük bauen zu können, und endlich und in dieser Lage alle Gemächlichkeiten des Lebens und alle äußere Ehre, die irgend ein König fordern kann – Wer diesen Zustand gegen den eines nach Willkühr herrschenden Gebiethers sklavischer Menschen vertauschen mögte, der ist der tiefsten Verachtung werth, und zitterte auch der halbe Erdboden, wenn er seinen eisernen Scepter schwingt.

Die Abschaffung des Adels und die Schmälerung der Einkünfte der Geistlichkeit, sind freilich harte Artikel für die, welche nun auf einmal sich der Vortheile beraubt sehen, die sie, ohne Mühe und Verdienst, auf Unkosten besserer und arbeitsamerer Menschen besaßen. Um aber beurtheilen zu können, ob das, was man in dieser Rüksicht gethan, nüzlich und gerecht war, müste man erst einige Fragen entscheidend beantworten können, worüber bis jezt die Stimmen wenigstens noch sehr getheilt sind; nämlich: ob nicht, in dem Zustande, darin sich Frankreich bey der Revolution befand, zu völliger Ausrottung des Despotismus, die gänzliche Abschaffung des Adels und die Einschränkung der Geistlichkeit nothwendig war? ob die Begriffe, welche diese privilegirten Stände in die Gesellschaft brachten, und überhaupt ihre Existenz und ihr Einfluß sich mit den Grundsäzzen, worauf die neue Verfassung gestüzt ist, auch nur einigermaßen vereinigen lassen? ob ihre vermeintlichen Rechte auf einen vorauszusezzenden Contrakt, oder auf Usurpation beruhen? ob usurpirte Rechte, die gegen die Ordnung der Natur sind, durch Verjährung geheiligt werden können? ob des römischen Bischofs Gewalt, Fürsten ein- und abzusezzen; die Befugniß, Sünden-Ablaß um Geld feil zu biethen; die, bey einigen uncultivirten Völkern üblichen Menschen-Opfer; Leibeigenschaft; jus primae noctis; alle Inkonsequenzen des türkischen Despotismus und überhaupt alle eingewurzelte Misbräuche, eine geringere Sanktion haben? ob Verbindlichkeiten, die nur allein das Recht des Stärkern hat einführen können, nicht auch durch das Recht des Stärkern wieder aufgehoben werden dürfen? ob alle Contrakte, die auf unbestimmte Zeit geschlossen worden, deswegen ewig dauern müssen, Zeit, Umstände und Bedürfnisse mögen sich verändern, oder nicht? ob überhaupt Menschen Contrakte für die Ewigkeit schließen können? ob man, im Namen einer Generation, die noch nicht existirt, mit solchen Gütern schalten und walten dürfe, die eigentlich auf keine Weise der Gegenstand willkührlicher Bestimmung seyn können, als da sind: Freiheit, Achtung, bürgerliche Ehre, Herrschers-Recht u. d. gl.?

Wenn man sagt: es seyen die gewählten Repräsentanten des Volks zum Theil Menschen von äußerst zweydeutigem Charakter gewesen; so kann ein unpartheyischer Mann darauf nur Folgendes antworten: der moralische Privat-Charakter dieser Leute kömmt bey ihrer politischen Laufbahn sehr wenig in Anschlag, wenn auch jener Vorwurf erwiesen wäre. Alle Schritte der National-Versammlung, qua talis, geschahen, der Natur der Sache nach, öffentlich; ihre Reden, ihre Vorschläge, ihre Entschlüsse – alles ist klar den sehr strengen Augen des Publikums dargelegt. Mögten sie immerhin geheime, eigennüzzige oder ehrgeizige Absichten gehabt haben; mögten sie immerhin ausschweifende, ränkevolle Leute gewesen seyn! – Es kömmt hier auf die Sache an, die sie mit unerschroknem Muthe durchgesezt, auf das System, das sie eingeführt haben. Ist das gut, ist es der Nation und der Menschheit überhaupt heilsam; wer ist Richter über ihr Herz und ihre Sitten? Und so viel ist denn doch gewiß, daß unter ihnen Männer genannt werden, die bey ihren Mitbürgern in allgemeiner Achtung stehen, von denen auch die boshafteste Verleumdung nicht wagen würde, zu behaupten, sie hätten ihre Hände an den Plan zu einem Bubenstükke legen wollen.

»Viele von ihnen« heist es »haben sich auf Unkosten des gemeinen Wesens bereichert, haben die National-Güter in ihren Nuzzen verwendet.« Möglich, aber nicht erwiesen! Wie betrügerisch und verschwenderisch man aber mit dem öffentlichen Schazze während der vorigen Verfassung umgegangen, *das ist erwiesen*, ist unter andern in dem berüchtigten *rothen Buche* nachzulesen. So viel ist übrigens auch begreiflich, daß zwölfhundert Männer nie einen gemeinschaftlichen Complot zum Betruge machen werden. Daß unter diesen Zwölfhunderten gewiß auch Schelme sind, darüber wundre ich mich gar nicht, aber darüber könnte man sich wundern, daß in einer so von Grund aus durch den Despotismus und dessen Gefolge corrumpirten Nation noch sechs ehrliche Leute gefunden werden. Wer ist Schuld daran, wenn Diebereyen und schiefe Streiche aller Art gleichsam als unzertrennlich von der öffentlichen Verwaltung angesehn werden? Hat die Revolution die Menschen so schleunig verderbt? – Die Frage beantwortet sich selbst.

Ganz verschwendet sind indessen die aus dem Verkaufe der geistlichen Güter gelöseten Summen nicht; denn man hat doch wenigstens diejenigen Personen damit entschädigt, welche ehemals Ämter im Staate gekauft hatten, die ihnen nunmehr genommen wurden; und eine Menge unnüzzer Ausgaben, die man vielleicht gemacht hat, fallen theils in der Folge weg, theils sind die Gelder, womit dieselben bestritten worden, in Frankreich selber geblieben und also nicht verlohren gegangen, sondern in Circulation gekommen, wenn sie auch besser hätten verwendet werden können.

»Die Abgaben werden nicht ordentlich entrichtet; man muß also immer von jenem Capitale zuschießen, um die nöthigen Ausgaben zu bestreiten.« Das ist freilich übel und es ist zu wünschen, daß bald die Ruhe hergestellt werden und das Volk die Gesezze respektiren lernen möge. Was schadet jedoch am Ende diese temporelle Unordnung? Wer kein Geld giebt, der behält es; folglich bleibt es im Lande; Privatleute häufen es in ihren Kasten auf, weil sie es nicht für Papier hingeben wollen; allein lasset die Ruhe auf irgend eine Weise hergestellt seyn; so wird man es bald wieder circuliren sehn.

Den grösten Geld-Raub an Frankreich aber begehen die Emigranten, durch die Summen, welche sie herausziehen. Schon allein der Erz-Dieb Calonne, den man füglich hätte aufhenken können, ohne sich zu versündigen, hat ungeheure Schäzze, die er sich zusammengestohlen hatte, fortgeschleppt. Hieran ist die National-Versammlung nicht Schuld; man müste denn ihre zu milden, nachsichtigen Grundsäzze ihr zum Verbrechen machen wollen, indem sie die Auswanderungen und Exportationen nicht mit Gewalt gehindert hat.

Möge man indessen auch alles baare Geld aus Frankreich wegnehmen; so wird das Reich doch darum noch nicht zu Grunde gerichtet, so lange man nicht den fruchtbaren Boden, die Industrie, den Handel, die Fabriken und Manufakturen mit fortreißen kann. Im Grunde ist das Geld doch nur das Representative, und nicht die Sache selbst. Lasset die armen, verführten Flüchtlinge zurükkehren; (ihre schelmischen Aufrührer mögen bleiben, wo sie wollen!) lasset Frieden hergestellt seyn, Treue und Glauben und Kredit wieder Wurzel fassen, die Gesezze respektirt, Fleiß, guten Muth und Thätigkeit wieder erwekt werden – und Frankreich im Ganzen wird durch alle diese Verwirrungen um nichts ärmer geworden seyn.

Ob aber wohl Hoffnung da sey, die Ruhe bald wieder hergestellt zu sehn; das ist unmöglich vorauszusagen; nur das läßt sich ohne Vermessenheit behaupten, daß, wenn auch, durch eine Gegen-Revolution oder auf andre Weise, alles wieder niedergerissen werden sollte, was die Nationalversammlung aufgebauet hat, die ganze Verfassung doch nie wieder auf den alten Fuß kommen kann. Die Begriffe von den Verhältnissen des Volks zu der Regierung, haben zu tiefe Wurzel gefaßt; so etwas wieder auszurotten, dazu würde ein großer Zeitraum gehören, während dessen Cultur und Aufklärung gänzlich zurükgingen und die Nation wieder in einen solchen Zustand von Kindheit versezt würde, in welchem man sich, gegen sein eignes Interesse, blindlings führen läßt. Der größere und stärkere Theil der Nation hat nun einmal die Fesseln abgeschüttelt, hat seine Kräfte kennen gelernt und sich von der Möglichkeit der Ausführung überzeugt. Sie mit Gewalt aufs Neue zu unterjochen, dazu würden sehr große Anstalten erforderlich seyn. Das Reich ist nicht in so schlechtem Vertheidigungsstande, die National-Garden sind nicht so schlecht disciplinirt, als uns die Freunde der aristokratischen Parthey glauben machen wollen. Die innern Zwistigkeiten und Gährungen würden sehr wahrscheinlich aufhören, sobald Frankreich von Außen her angegriffen und die Vertheidigung des Vaterlandes der gemeinschaftliche Punkt würde, in welchem sich die lebhafte französische Regsamkeit concentrirte. Und wer sollte sie angreifen? Das Aristokraten-Häuflein macht zwar, nach alter französischer Manier, ungemein viel Lerm, rennt am Rheine durcheinander, wie ein Ameisen-Nest, droht und schimpft gewaltig; allein es fehlt ihm noch an einigen Kleinigkeiten, um die Sache in Ausführung zu bringen. Generale, Officiers, Köche, Friseurs, Wundärzte und Apotheker, auch Marchands parfumeurs und Marketender sind wirklich da; allein das macht doch nur den état major einer französischen Armee aus. Zwar haben sie auch ein paar hübsche Garde-Compagnien, zu welchen kürzlich ein teutscher Reichsfürst seine losgelaßnen Karren-Gefangnen als Rekruten geliefert hat; nur was man gewöhnlich ein Kriegsheer zu nennen pflegt, das fehlt, nebst allem Zubehör, als da ist: argent content, Kredit, Festungen, Magazine, ja sogar der Plaz, auf welchem sie sich zuerst formiren könnten; denn des in der Chronik von Frankreich so berühmten Kardinals von Rohan Besizzungen, auf welchen jezt, im Januar 1792, da ich dies schreibe, das ganze ausgewanderte Frankreich sich niedergelassen hat, sind kaum groß genug, um einen Anti-Revolutions-Clubb darauf zu halten. Zählen sie aber auf den Beystand der europäischen Mächte; so fürchte ich, sie werden sich verrechnen. Warum sollten diese Frankreich angreifen? Um einer Nation die Befugniß streitig zu machen, ihre Regierungsform, mit unbezweifelter Einstimmung ihres Königs, zu verändern? Um eine Constitution über den Haufen zu werfen, die Vernunft, Recht, Treue und Glauben und Frieden mit den Nachbarn zu Grundpfeilern hat? Dazu sind sie zu gerecht. Um die teutschen Reichsfürsten, die in den französischen Staaten Güter haben, mit Gewalt in den Besiz der Rechte zu sezzen, welche sie durch die Revolution verlohren haben? Davon würde doch nur dann die Rede seyn können, wenn erst alle gütliche Mittel umsonst wären versucht worden. Es hat sich ja aber die Nation zu einer Entschädigung erbothen; man muß nur ihre Vorschläge gemeinschaftlich anhören; man muß die ausschweifenden Forderungen der Aristokraten nicht damit vermengen wollen; man muß nicht vergessen, daß jene Reichs-Fürsten, so lange sie sich bey der Abhängigkeit von Frankreich wohl zu befinden glaubten, von ihren französischen Besizzungen dem teutschen Reiche keine Prästanda geleistet, folglich sich auf gewisse Weise von dem Staatskörper losgerissen haben, dessen Schuz sie nun auf einmal reklamiren. Sehr wahrscheinlich werden die übrigen europäischen Mächte der vorsichtigen Politik folgen, welche der weise Leopold bey dieser Gelegenheit zur Richtschnur nimmt. Sie werden ja wohl auch überlegen, daß es bey jezzigen Zeiten nicht rathsam sey, mit den Kriegsvölkern, die hie und da noch zu Hause ein Stükchen Arbeit finden, um Ruhe zu erhalten, in fremde Länder einzufallen, wo die fatale Freiheits-Luft weht, die so leicht anstekt. Sie werden überlegen, daß, bey dem ersten Ausbruche des Krieges, die schönen fruchtbaren teutschen Provinzen, welche unmittelbar an Frankreich grenzen, das Opfer dieses übereilten Schritts, der Schauplaz gräßlicher Verheerungen werden würden.

Und das sey denn genug über die französische Revolution! Reden wir jezt davon, ob andern europäischen Staats-Verfassungen, der Wahrscheinlichkeit nach, ähnliche Umwälzungen bevorstehen und ob zu vermuthen ist, daß die Vorfälle jenseits des Rheins dazu Anlaß geben werden.

Vierter Abschnitt

Welche Staats-Verfassung ist die beste?

Diese prahlende Überschrift scheint anzukündigen, daß ich, Joseph von Wurmbrand, mich unterfangen wolle, von Bopfingen aus zu entscheiden, worüber bis jezt die grösten Staatsmänner noch nicht haben einig werden können, nämlich: welche von den bekannten Staats-Verfassungen das Glük der Völker am kräftigsten befördre? Allein so übel ist es nicht gemeint; ich hoffe im Gegentheil, die Art, wie ich diese Frage beantworten werde, soll den Lesern keinen so nachtheiligen Begriff von meiner Bescheidenheit beybringen.

Also kurz und einfach! Diejenige Staats-Verfassung ist, vorausgesezt, daß sie die übrigen Haupt-Erfordernisse habe, in jeder Periode die beste, welche erstlich mit dem dermaligen Grade der Cultur und den übrigen, der Veränderung unterworfnen Zeit-Umständen in der besten Harmonie steht, und zweitens, so wenig als dies mit Rüksicht auf die Bedürfnisse von Zeit und Umständen möglich ist, die natürliche Freiheit und die ursprünglichen Rechte jedes einzelnen Menschen einschränkt. Diese lezte Forderung ist wohl sehr billig, denn da die Menschen sich doch nur darum in Staaten vereinigt haben, damit ihnen, durch diese Verbindung, eine Summe von Glükseligkeit zu Theil werde, die sie im isolirten Zustande nicht erlangen können; so muß die bürgerliche Verfassung mehr Vortheil gewähren, als sie Aufopferung kostet, sonst ist sie nichts werth. Was aber den ersten Punkt betrifft; so ist auch dieser wohl keinem Widerspruche unterworfen. Denn so wie ein Vater das kleine Kind, das noch taub für die Stimme der Vernunft ist, mit der Ruthe züchtigt, oder (zwar billige ich diese Methode zu täuschen keineswegs) oder vorgiebt, ein unsichtbarer Genius sage ihm alles, was das Kind, auch wenn es nicht bey ihm sey, unternehme, bey dem erwachsenen Knaben hingegen bessere Bewegungsgründe anwendet; und wie ein kluger Erzieher sich nach der Verschiedenheit der Anlagen und Temperamente der Kinder richtet; so werden auch bey einem Volke, das noch in der Kindheit ist, seine Geistes-Fähigkeiten nicht entwikkelt hat und seine Kräfte nicht kennt, Täuschung und Zwangsmittel eine Wirkung thun, die bey einer cultivirteren und aufgeklärteren Nation verkehrten Eindruk machen würden. Ich glaube daher, daß Regierungskunst und Volks-Religion (oder besser zu sagen, Kirchensystem) nach Zeit und Umständen, nach dem Grade der Cultur und nach der Stimmung der Völker abgeändert werden müssen.[2] Jedermann würde es unvernünftig finden, wenn es einem Gesezgeber in unsern Zeiten einfiele, die alten sogenannten Gottes-Gerichte wieder einzuführen, in welchen die Wahrheit einer Anklage durch einen Kampf begründet oder widerlegt wurde. Wen vor vierhundert Jahren der Pabst mit Kirchenbann belegte, der galt für einen verlohrnen Mann, und wenn er auch ein König war; heut zu Tage lacht man über die römischen Theater-Blizze; ein Philipp der Andre würde nebst seinem Herzoge von Alba auf dem Throne von Großbritannien eine kurze Rolle spielen; Numa Pompilius würde mit seiner Göttin Egeria auf dem polnischen Reichstage nicht viel durchsezzen, und der alte Gesezgeber der Lacedämonier mit seinen braunen Suppen in Venedig wenig Beyfall finden. Doch, so wie man in der Pädagogik, bey allen ihren Abänderungen, gewisse allgemeine, aus der Natur geschöpfte Regeln zum Grunde legt, die immer Stich halten; so geht es auch mit den politischen und religiösen Systemen immer gut, wenn nur jene heilige Haupt-Regel: so viel möglich Wahrheit und Freiheit zu respektiren, nie aus den Augen gesezt wird. Hiermit hat die Form nichts zu schaffen, die Regierung mag monarchisch, aristokratisch, demokratisch oder gemischt seyn; und was die Religion betrifft; so mag sie zu einer Angelegenheit des Staats gemacht, oder der Übereinkunft der Bekenner freygestellt werden; sie mag katholisch, oder protestantisch, oder anders heißen – Alle können, aber sie können auch nur dann sich sichre Dauer versprechen, wenn sie so beschaffen sind, daß sie mit Cultur, Zeit und Umständen in ein richtiges Verhältniß zu bringen sind.

Und welche Staats-Verfassungen, welche Volks-Religionen sind von dieser Art? Diese Frage läßt sich nun nach den obigen Voraussetzungen beantworten. Da alle Oberherrschaft entweder auf dem

---

[2] Warum ich hier auf einmal die Volks-Religion mit einmenge, davon ist die Ursache leicht einzusehn. Leider! sind die Kirchensysteme so innig mit den Staats-Systemen verwebt, indem der geistliche Despotismus von je her, nach Gelegenheit, dem politischen entweder die Hand gereicht, oder die Stange gehalten hat, daß beyde Gegenstände nicht wohl zu trennen sind.

Rechte des Stärkern, oder auf Übereinkunft beruht, weil kein Mensch dem andern gehorcht, außer wenn er entweder *muß*, oder *will*; und dann die stärkere Parthey, an Zahl oder Kraft, nie *muß*, wenn sie nicht *will*; der Wille zu gehorchen aber bey ihr auf keine andre Weise erwekt werden kann, als indem man sie überzeugt, daß sie sich wohl dabey befinde, welches freylich auch auf eine Zeitlang durch Täuschung, dauerhaft aber nicht anders bewirkt werden kann, als wenn jeder Einzelne sich unter der Oberherrschaft eines Andern glüklicher und sichrer weiß, als, aller Wahrscheinlichkeit nach, in jeder andern Lage; so muß eine Staats-Verfassung, wenn sie nicht fürchten will, über den Haufen geworfen zu werden, sie sey nun monarchisch, republikanisch oder gemischt, das heißt: die Verwaltung sey in Einer Hand, oder in mehrern Händen, also beschaffen seyn, daß die Regierung:

1. nie Gehorsam im Namen Einzelner, sondern nur auf Autorität des Ganzen fordre;
2. keine Haupt-Veränderungen in der Regierungsform vornehme, als mit Beystimmung der größern Anzahl, der sie auch von jedem Schritte Rechenschaft schuldig ist;
3. von dieser größern Anzahl keine Abgaben, Einschränkungen, Dienste oder Aufopferungen und keinen Gehorsam fordre, welche bloß der kleinern Anzahl Vortheile gewähren, ohne das Wohl des Ganzen zu befördern, oder welche die natürliche Freiheit über Gebühr einschränken;
4. keine solche Mittel, sich Gehorsam zu verschaffen, wähle, die in verkehrtem Verhältnisse mit dem Grade der Cultur und der Stimmung des Zeitalters und der Nation stehen.

Handelt eine Regierung nach diesen Grundsäzzen; so wird sie schwerlich eine Revolution, eine Umkehrung, zu befürchten haben.

Und nun, was das Religions-System betrifft! Da der Glaube der Menschen viel weniger wie ihre Handlungen dem Zwange unterworfen seyn, da nicht einmal jeder Einzelne sich selbst Gesezze über das, was er glauben oder nicht glauben will, vorschreiben, folglich das Recht, hierüber zu bestimmen, auch auf keinen Andern, noch auf den ganzen Staat übertragen kann; da ferner das Wesen der Religion einzig darin besteht, daß sie uns, aus den Begriffen, die wir

uns von dem göttlichen Wesen machen, kräftigere Bewegungsgründe zu Erfüllung der, von allen vernünftigen Wesen anerkann-
ten Pflichten der Tugend darbiethet; da endlich die äußre Art, der
Gottheit unsre Verehrung zu bezeugen, zwar auch keinen eigentli-
chen obrigkeitlichen Verordnungen unterworfen seyn, ihr wohl
aber, durch Übereinkunft, eine gewisse Grenze gesezt werden kann;
so ist:

1. selbst der Stärkere unvermögend, Meinung und Glauben
   irgend einem Zwange zu unterwerfen;

2. der Stärkere misbraucht sein Ansehn, sündigt gegen Wahrheit und billige Freiheit, wenn er auch nur der freyen Un-
   tersuchung religiöser Gegenstände in Schriften und münd-
   lichen Vorträgen, Fesseln anlegen will;

3. die Regierung greift zu weit, wenn sie eine bestimmte Form
   von äußerer Gottes-Verehrung vorschreiben, eine vor der
   andern beschüzzen will. Welcher schwache Mensch kann
   bestimmen, auf welche Art Gott äußerlich verehrt seyn
   will? Es kann also keine herrschende Religion geben; Tole-
   ranz ist Versündigung, denn *toleriren* heißt: sich das Recht
   anmaßen, zu erlauben; und da ist nichts zu erlauben; durch
   Einschränkungen solcher Art wird das *zeitliche* Wohl der
   Bürger nicht befördert und das *ewige* Wohl liegt außer den
   Grenzen der Staats-Anstalten;

4. der Staat kann aber dafür sorgen, daß keine Kirchensysteme eingeführt werden, welche Lehren verbreiten, die entweder den guten Sitten, der Tugend, oder der bürgerlichen
   Ruhe gefährlich sind;

5. dasjenige Religionssystem kann sich in jedem Zeitalter
   sichre Dauer und eifrige Anhänger versprechen, welches
   uns die würdigsten, erhabensten, einfachsten, jedem Ver-
   stande faßlichen Begriffe von der Gottheit giebt, uns dabey
   die kräftigsten Bewegungsgründe zu aller Art menschlicher
   und bürgerlicher Tugend liefert und endlich einen solchen
   äußern Gottesdienst empfiehlt, der dem Geschmakke, den
   Sitten und der Cultur des Zeitalters angemessen ist. Das
   Lallen der Kinder und das Geheule der Wilden kann, in Be-

tracht der guten Absicht, Gott auch wohlgefällig seyn; aber
– nur von Kindern und Wilden.

Fünfter Abschnitt

Ob die Welt ohne Staats-Verfassungen und Religions-Systeme bestehn könnte?

Es ist ein herrlicher Traum, den Philosophen geträumt haben, aber es ist auch wohl nur ein Traum, daß einst eine Zeit kommen müste, wo das ganze Menschengeschlecht mündig geworden seyn, den höchsten Grad von Geistes-Bildung erlangt, zugleich seine moralischen Gefühle aufs Höchste veredelt haben und dann keiner Gesezze mehr bedürfen würde, um weise und gut (denn das ist ja einerley) kurz! um seiner Bestimmung gemäß zu handeln.

Das Bild ist zu schön, das dieser Traum unsrer Phantasie darstellt, als daß ich der Versuchung widerstehn könnte, eine Skizze davon zu entwerfen.

Man denke sich jedes Volk des Erdbodens in einem Zustande von Kindheit, in der grösten Einfalt der Sitten! Jede Familie bebauet das Stük Akkers, das ihr bequem liegt; und das Land ist groß genug, ihr eine freye Wahl zu gestatten. Der Boden trägt willig die Früchte des Fleißes, und dieser Ertrag reicht zu, ihre mäßigen Bedürfnisse, ohne große Anstrengung, ohne saure Arbeit, zu befriedigen, ihr alle Nothwendigkeiten des Lebens zu liefern. Bey dieser nüzlichen Geschäftigkeit ist der Mensch an Leib und Seele gesund, ohne Gebrechen, ohne unruhiges Streben, ohne Leiden, ohne Sorgen für die Zukunft, stark und heiter. Aber die Bevölkerung nimmt zu; die Verbindungen werden mannigfaltiger; die Bedürfnisse vervielfältigen sich; und nun erwachen Wünsche und Leidenschaften. Durch Künste, Tausch und Handel entstehen neue Verhältnisse; die Einförmigkeit der Lebensart verschwindet; Mistraun, Begierlichkeit und Neid erzeugen Forderungen, Zwist, Kampf, Streit, Krieg. Es werden Vergleiche geschlossen; neue Vereinigungen, Bündnisse und Trennungen geben dem gesellschaftlichen Leben eine andre Form. Es entstehen Staaten; der Stärkere aber unterjocht den Schwächern; man entwirft Gesezze, über die sich der Mächtige hinaussezt und denen sich der Schuzbedürftige unterwerfen muß. Doch der Schlaue ersezt durch List, was ihm an Kraft fehlt und herrscht über *den* von geringern Geistes-Fähigkeiten. Täuschung ersezt die Stelle der Gewalt; die Politik eines Einzigen bauet ihren Thron auf die Uneinigkeit und Unentschlossenheit von Millionen.

Treue und Glauben, Mäßigkeit und Einfalt verschwinden; die Sitten werden verderbt; jeder lebt nur für sich, hascht nach Genuß, genießt, und begehrt noch immer, nimmt, wo er nehmen kann und hat doch nie genug – Fraget jeden Einzelnen, und keiner ist zufrieden. Nichtswürdige Kleinigkeiten haben Werth erhalten und das, was allein Werth hat, und allein glüklich und ruhig machen kann – das findet der mit Blindheit geschlagne Haufen nicht. Indeß aber hat die Cultur, zugleich mit Einführung des Luxus in alle Klassen der Bürger, Wissenschaften verbreitet und Geistes-Ausbildung befördert. Das rastlose Streben nach Glük und Gemüthsruhe erwekt Nachdenken über diesen verwikkelten Zustand; die sich unglüklich fühlenden Menschen fangen an zu philosophiren, zu raisonniren; und nun kömmt der schönste Theil des Traums, aber, wie es mit Träumen geht, dann ist man auch nahe am Erwachen. Die Menschen werden endlich weise, durch eigne Erfahrungen und durch die Geschichte andrer Völker, und indem sie weise werden, werden sie auch tugendhaft; denn der höchste Grad der Aufklärung ist immer auch der höchste Grad von Güte. Sie öfnen die Augen und sehen: daß alles Streben und Ringen nach Genuß, Besiz und Freude auf nichts abzielt; daß die Befriedigung aller dieser Wünsche keine so große Summe von Glükseligkeit gewährt, als man in dem ersten Zustande der Natur ohne Mühe, auf dem einfachsten Wege findet; daß *der* am mehrsten besizt, der am wenigsten bedarf; daß nur *der* Genuß hat, der mäßig genießt; daß Tugend üben, sein eignes Interesse befördern, und tugendhaft seyn, nichts anders heißt, als der Natur gemäß handeln; daß alle bürgerliche Einrichtungen doch nur Kinder des Verderbnisses, nur Mittel sind, das Übel zu verhindern, oder gut zu machen; daß, statt an diesen ohne Unterlaß zu flikken und auszubessern, es vortheilhafter ist, solcher künstlichen Anstalten gar nicht zu bedürfen; daß alle Gesezze und Handhaber der Gesezze da überflüssig sind, wo jedermann den guten Willen hat, Andre in Ruhe zu lassen, damit man seine Ruhe nicht stöhre; daß über Andre zu herrschen ein sehr nichtswürdiger Vorzug ist. – Und so kommen denn die Menschen am Ende wieder auf den Punkt, von welchem sie ausgegangen; aber um nie wieder zurükzukehren. Denn nun ist die Einfalt ihrer Sitten nicht mehr das Kennzeichen der rohen Unerfahrenheit, sondern das Werk der richtigsten Überlegung und Abwägung aller möglichen Verhältnisse und Lagen, das Resultat der reifsten, unverführbarsten Vernunft. Da ist dann der große Plan der Schöpfung vollbracht, das Menschengeschlecht in eine einzige Familie vereinigt und zu seiner ersten hohen Würde, dem Ebenbilde der Gottheit wieder erhoben, das verlohren gegangen war, durch den Genuß der verbothnen Frucht von dem Baume des Erkenntnisses des Guten und Bösen. Nun ist die Erlösung vollbracht; *die Wahrheit hat die Menschen frey gemacht* und ihnen eine ewige Glükseligkeit erworben.

Derjenige Theil des Traums, welcher uns die religiöse Erziehung des Menschengeschlechts darstellt, ist nicht weniger reizend; Lessing mahlt uns ein Zauberbild davon. Offenbarung ist geoffenbarte Vernunft, Mittheilung von Wahrheiten, die aus der Natur erkannt werden könnten, aber ohne höheren Unterricht nur mühsam gefunden werden. Die heiligen Bücher sind die Elementar-Bücher, welche der allweise Lehrer bey der Erziehung zum Grunde legt. Sie sind den schwachen Begriffen des Kindes angepaßt. Das Kind muß sinnlich geleitet werden; man giebt ihm die Lehre, in Bilder, in Gleichnisse, selbst in Fabeln eingehüllt. Man zeigt hin auf entfernte Belohnungen und Strafen; man führt nicht jedes Kind denselben Weg; die Methode muß nach Zeit, Umständen und dem Grad der Empfänglichkeit abgeändert werden, bis der Verstand zur Reife gediehn seyn wird; dann bedarf es keiner Täuschung, keiner Bilder mehr. Dann wird es die Wahrheit unmittelbar aus der Quelle selbst schöpfen, ohne Zusaz. *Wir sehen noch durch einen Spiegel in ein dunkles Wort; dann aber werden wir ihn sehn, wie er ist.*

So weit der herrliche, tröstliche Traum! Daß die Erfahrung aller Zeitalter die Möglichkeit der Erfüllung verdächtig macht; daß wir leider! wahrnehmen, wie die Nationen, statt die Erfahrungen andrer Völker zu nüzzen, immer wieder in dieselben Thorheiten und Verirrungen fallen, statt die Quelle des Übels aufzusuchen, nur die Form der Verderbnisse andern, durch gewaltsame Revolutionen das Böse nur noch ärger machen, nicht die Ursachen der Tyranney aus dem Wege räumen, sondern nur von Tyrannen wechseln; daß, wenn Cultur und Verderbnisse auf's Höchste gestiegen sind, fast immer ein Zustand von tiefer Barbarey wieder folgt, so wie nach einem Zeitraume, wo Aufklärung und spizfündige Klügeley die Oberhand hatten, eine Periode voll Aberglauben und Stupidität eintritt – Alle diese Thatsachen aus der Geschichte machen den gutmüthigen, für das Wohl der Menschen glühenden Träumer nicht irre. »Eher« sagt er »kann jener glükliche Zeitpunkt nicht erscheinen, eher kann das unvergängliche Reich der Weisheit und Tugend nicht fest gegründet werden, als bis alle diese Erfahrungen sich in's Unendliche gehäuft haben und alle Völker des Erdbodens den Cirkel der Verderbnisse mehrmals durchlaufen sind.

Allein es kann nicht der Plan der Vorsehung seyn, daß das Menschengeschlecht sich ewig in diesem Cirkel von Unvollkommenheit herumdrehn soll. Der Augenblik der lezten Catastrophe ist nur noch nicht da; aber er ist nicht fern; die Begebenheiten der neuern Zeit sind keine Wiederholungen; sie lenken unmittelbar und schnell zum Ziele. Die Gährung ist allgemein und kann zu nichts Kleinem, kann nicht das alte Spiel wieder herbeyführen.« – Wollte Gott, es wäre also! aber mir scheint diese Hoffnung wenigstens noch zu gewagt. Ja! wenn jeder Einzelne die ganze Reihe von Erfahrungen an sich selber gemacht hätte; so könnte man wohl darauf rechnen, daß dauerhafte Eindrükke davon zurükblieben und seine Bildung vollendeten; allein fremde Erfahrungen dämpfen nicht eigne Leidenschaften und von allgemeinen Begebenheiten macht man selten specielle Anwendung, wenn das liebe Ich in das Spiel kömmt. Überhaupt liegt es sehr selten an der Erkenntniß, wenn die Menschen nicht gut und nicht weise handeln. Freylich muß ächte Aufklärung manche Tugenden allgemeiner verbreiten, die in einem Zeitalter, wo Barbarey herrscht, nur selten angetroffen werden; aber immer wird der größere Theil der Menschen in jedem Jahrhunderte unmündig bleiben, wird Lenkung, Gesezze, ja! Zwangsmittel und Täuschung bedürfen. Diese Fesseln trägt auch Jeder gern ohne Murren, wenn *der*, welcher sie ihm anlegt, nur dabey die Mühe übernimmt, ihm Sicherheit und Ruhe zu verschaffen. Er läßt sich gern einen Theil seiner Unabhängigkeit rauben, wenn er dagegen einen Theil seiner Sorgen von sich abwälzen kann; er thut gern Verzicht auf eignes Denken, wenn *der*, welcher für ihn denkt, ihm nur Resultate liefert, die ihn beruhigen; er läßt sich gern täuschen, wenn diese Täuschung nur tröstlich ist – kurz! er opfert gern seine Freiheit auf, wenn dies Opfer nur freywillig und für ihn wohlthätig ist, oder scheint.

Nach diesem Maßstabe also muß man alle Regierungs-Verfassungen und Volks-Religions-Systeme beurtheilen, und jede, die auf andern Grundsäzzen beruht, muß früh oder spät scheitern, oder umgestürzt werden, sobald die größere Anzahl die Augen über ihren Zustand öfnet. Hingegen kann jede Verfassung von der Art sich Dauer versprechen, wenn sie jene Grundsäzze respektirt, ihre Form mag seyn, welche sie wolle. Ja! – und vielleicht wird man sich wundern, mich aus diesem Tone reden zu hören – ich glaube fast, obgleich ich anfangs erklärt habe, daß ich hierüber nichts zu entscheiden wagen würde, daß die monarchische Form vielleicht die zwekmäßigste von allen ist. Ich sezze dabey voraus, daß der Monarch ein weiser und guter Mann sey. Ist er das nicht; so muß er wagen, was jede inkonsequente Regierung wagt, nämlich, daß es mit seinem Monarchenwesen keinen Bestand habe. Wir reden aber hier nur von der Form, caeteris paribus.

Ein einzelner Regent hat mehr Antrieb seine Pflicht zu erfüllen, als mehrere; alle Ehre und alle Schande seiner Verwaltung fällt auf Ihn; allen Dank, allen Segen erndtet Er ein; auf Seinen Namen schreibt die Geschichte alles Gute und Böse in die Rechnung. Stehen aber Mehrere am Ruder; so kann Jeder von ihnen, wenn er etwas Böses thut, die Schuld, von sich ab, auf das Ganze wälzen, indeß er nachlässig zum Guten ist, weil der Ruhm davon nicht ihm zu Theil wird. Verschiedenheit der Meinungen und Neid hindern manche nüzliche Ausführung. Weiß der Monarch, daß er, *in so fern er seine Pflicht erfüllt*, lebenslang Herr bleibt; sieht er also das Land gleichsam als sein Eigenthum an; so wacht er, wie ein guter Haushälter, über das öffentliche Vermögen; sein Interesse ist das Interesse des Ganzen; wo hingegen mehrere nur eine Zeitlang herrschen, da durchkreuzen sich oft die mancherley Privat-Vortheile mit dem allgemeinen Wohl; und wir sind Alle schwache Menschen. Weiß der Monarch, daß auch seine Kinder, *in so fern die Nation sie dessen nicht unwürdig findet*, einst in seine Stelle treten werden; so kann er diese mit den Grundsäzzen einer weisen Regierungskunst bekannt machen; da hingegen gewählte Repräsentanten, wenn sie unerwartet an die Spizze der Geschäfte gestellt werden, bey allem guten Willen, doch zuweilen noch, aus dem Beutel des Staats, theures Lehrgeld geben müssen. Endlich herrschen bey der Regierung eines Einzigen mehr Schnelligkeit in den Geschäften und Einheit im Plane; und der Monarch kann dennoch alle Kenntnisse einsichtsvoller Männer, deren Rath ihm nicht versagt wird, nüzzen.

Allein, indem man mich der Monarchie das Wort reden hört, vergesse man nicht, welche Bedingungen ich oben bey jeder Gewalt, die Menschen über Menschen ausüben, vorausgesezt habe!

Sechster Abschnitt

Ob unsre heutigen Staats-Verfassungen auf ächten Grundsäzzen beruhen und der Stimmung des Zeitalters angemessen sind.

Nachdem ich nun im Allgemeinen die Grundsäzze entwikkelt habe, auf welche durchaus eine jede Regierungs-Verfassung gebauet seyn muß, wenn sie zwekmäßig und dauerhaft seyn soll; so lasset uns doch nun auch sehn, ob unsre gegenwärtigen europäischen Staaten nach diesen Grundsäzzen regiert werden, oder nicht, und ob also zu erwarten steht, daß sie noch lange so, wie sie beschaffen sind, bleiben können! Ich glaube, das ist nicht schwer zu beantworten und es bedarf wohl keines weitläuftigen Beweises, um darzuthun, daß die Regierungen der mehrsten cultivirten Länder nach und nach Maximen angenommen haben, die in dem allerauffallendsten Contraste mit den ersten Grundsäzzen des gesellschaftlichen Vertrags stehen – Eine kurze Darstellung wird hinreichen, dies anschaulich zu machen, und dann werden wir zugleich gewahr werden, daß die mehrsten nicht einmal politisch genug sind, solche Mittel zu wählen, die der Stimmung des Zeitalters angemessen sind.

Das römische Recht schon ist ein wahres Alphabet des Despotismus. Kann man sich einen abscheulichem Grundsaz denken, als den, welcher L. I. in pr. D. de constitutionibus principum steht? Quod principi placuit, habet legis vigorem. Der Willen, die Phantasie, die Grillen eines einzigen Menschen also sollen die Handlungen von Millionen bestimmen? Darauf kann der Vorsteher eines Irrhauses, oder der Erzieher unmündiger Kinder seine Gewalt stüzzen; in einem wohl geordneten Staate hingegen muß das Gesez eher existiren, als der Handhaber und Executor der Gesezze. Gestattet aber ein Volk seinem Regenten, willkührlich Verordnungen zu machen, die nicht in der Constitution gegründet sind; so ist natürlich zu erwarten, daß diese Herrschaft nur so lange dauern kann, als die Nation, das heist der stärkere Theil, sich das gefallen lassen will, weil sie entweder zu roh und unwissend ist, um über ihre Verhältnisse nachzudenken, oder sich bey den Verordnungen wohl befindet. Also ist eine solche Regierungs-Verfassung allen Gefahren einer Revolution ausgesezt. Wir haben aber in Europa Länder, wo es gar keine Volks-Repräsentanten, Reichsstände, Parlamente, Landstände und dergleichen giebt, sondern wo der Willen des Herrn das höchste Gesez ist; und in diesen Ländern ruht dann die Oberherrschaft auf schwachen Füßen.

Eine sehr unnatürliche, von einigen unsrer Juristen bestimmt oder verblümt behauptete und auch aus den römischen Gesezbüchern, obgleich erzwungen hergeleitete Lehre, ist die: daß der Mensch, indem er das Band der bürgerlichen Gesellschaft geknüpft, seinen natürlichen Rechten entsagt hätte; daß das Völkerrecht das Naturrecht aufhöbe, oder wenigstens dieses durch jenes beschränkt werden könnte – Ein grober Irrthum! Seinen natürlichen Rechten kann niemand entsagen; sie machen einen Theil seiner Menschheit aus; aber übertragen kann er sie, und zwar:

1. nicht mehr Rechte übertragen, als er selbst haben würde, wenn er sie in Person ausüben wollte und
2. kann er zwar einen Contrakt schließen, der ihn, nicht aber einen solchen, der andre Menschen, am wenigsten die folgende Generation, verbindet.

Nun aber üben unsre Beherrscher Rechte aus, die sich gar nicht aus dem Naturrechte erklären lassen, sondern die vielmehr mit diesem im Widerspruche stehen, die niemand ihnen übertragen konnte, die niemand ihnen übertragen hat, die ihnen nicht angebohren und nicht auf sie vererbt seyn können. Solche Regenten haben dann zu befürchten, daß ihre Gewalt aufhört, sobald der gute Willen, sich dies gefallen zu lassen, lau wird.

Überhaupt scheinen die beiden Grundsäzze: daß der Willen des Fürsten das höchste Gesez sey und daß die bürgerliche Verbindung die natürlichen Rechte aufhebe, von den mehrsten europäischen Beherrschern als ein Glaubens-Artikel betrachtet zu werden. Sie sezzen sich und ihre Nachkommen auf ewige Zeiten an die Stelle Derer, durch deren Übereinkunft sie die Oberherrschaft besizzen, ja! Einige von ihnen scheinen ganz zu vergessen, daß alle Oberherrschaft ursprünglich von freywilliger Übertragung herrührt und alle Gewalt vom Volke abstammt, dessen Stellvertreter sie sind. Sie sehen das ganze Land als ihr Erbstük, als ihr Eigenthum an; sie vertauschen und verkaufen Provinzen, ohne sich darum zu bekümmern, ob die Unterthanen Lust haben, sich einem andern Herrn zu unterwerfen, oder nicht; sie fordern Abgaben und treiben sie ein, ohne Rechenschaft abzulegen, ob diese Gelder zu Bestreitung der Staats-Bedürfnisse verwendet werden; sie bestreiten aus dem öffentlichen Schazze ihren unnüzzen Aufwand und die Unkosten zu eiteln Vergnügungen und Flitterstaate; sie bestrafen Beleidigungen ihrer eignen Person, wie öffentliche Verbrechen; sie sezzen die übrigen Staatsbedienten nach Willkühr an und ab; sie machen willkührlich neue Gesezze und widerrufen die alten, dispensiren, begnadigen, mildern und verdoppeln die Strafe; sie rauben Freiheit und Leben, ohne vorhergegangnen öffentlichen Prozeß, ohne Bekanntmachung des Verbrechens. Wem schaudert nicht die Haut, wenn er liest, daß Ludwig der Eilfte zwei Prinzen von Armagnac in einem Kerker, in welchem sie nie grade aufrecht stehn und gar nicht gehn konnten, verschmachten ließ, nachdem sie wöchentlich zweimal bis aufs Blut gepeitscht und ihnen vierteljährlich ein Zahn ausgerissen wurde, und daß sich nachher fand, daß sie – gar nichts verbrochen hatten? Man antworte hierauf nicht, daß dergleichen in unsern Tagen nicht mehr geschehe! Erstlich ist das nicht wahr, und dann, wenn es auch so wäre; so bewiese das nichts. Eine Staats-Verfassung, in welcher es nur *möglich* ist, daß dergleichen geschehn *kann* und *darf,* ist nicht besser, wie eine Mördergrube und Räuberhöhle, und wer leugnet, daß dies noch jezt in manchem europäischen Staate geschehn *kann* und *darf?* Sie selbst, die Regenten, glauben sich über die Gesezze erhaben, bestrafen Verbrechen, die sie täglich selbst begehen, und an der Seite einer, vor den Augen des Volks unterhaltenen, geehrten, im Glanze des Reichthums und der Hoheit lebenden Maitresse, unterschreiben sie Verdammungs-Urtheile gegen Hurer und Ehebrecher. Zu Befriedigung ihrer Privat-Rache und wo bloß ihr Familien-Interesse im Spiele ist, führen sie blutige Kriege, die Hunderttausende das Leben kosten. Was ging denn der spanische Successions-Krieg die französische Nation an? Was kümmerte es die Schweden, ob der König in Polen Augustus, oder Stanislaus hieß? Sie privilegiren gewisse Stände auf Unkosten der übrigen Bürger und bestimmen über die öffentliche Ehre, als wenn diese von ihrer Schäzzung abhinge, ein Werk ihrer Schöpfung wäre. Rang, Gewicht und Ansehn sind nicht der Preis des größern Verdienstes, der größern Nüzlichkeit, sondern der Gunst eines Einzelnen. Gefällt dem Fürsten ein Schmeichler, ein müßiggehender Hofschranze vorzüglich wohl; so giebt er ihm den Rang eines Feldherrn und überschüttet ihn mit Reichthümern, die hundert arbeitsame Familien aus dem Elende retten würden. So sind denn die unnüzzesten Bürger die vornehmsten und reichsten, und die, welche mit ihrer Hände Arbeit den Staat aufrecht erhalten, verachtet und dürftig. Wo etwa noch Repräsentanten des Volks, dem Anscheine nach, das Recht haben, zu Abgaben und neuen Einrichtungen ihre Einwilligung zu geben, oder zu verweigern; da werden diese Repräsentanten nicht frey gewählt aus Denen, welche am mehrsten bey solchen Verhandlungen interessirt sind, sondern es sind Personen, die entweder aus Furcht, oder aus Eigennuz, so reden, wie es der Regent gern sieht und die um so williger sind, ihm alles zu geben, was er fordert, da sie das Privilegium haben, keine der Lasten mit zu tragen, sondern sie allein auf die Classen zu wälzen, welche keine Stimme haben. Derjenige Stand, welcher grade am mehrsten leisten und zahlen muß, darf am wenigsten dazu sagen, auf welche Weise er leisten und zahlen will. Friedensschlüsse, die ganzen Nationen neue Verbindlichkeiten auflegen, werden, ohne Rüksprache, von einzelnen Personen beschworen und – gebrochen. Über dies alles seine Meinung freymüthig, wenn auch noch so bescheiden, zu sagen, so wichtig auch diese Gegenstände der ganzen Menschheit sind und so unbezweifelt das Recht jedes Mitbürgers ist, sich darum zu bekümmern, wie mit ihm und dem Seinigen gewirthschaftet wird – das gilt für ein Staats-Verbrechen. Giebt es doch in Italien einen Staat, der noch vor wenig Jahren sechstausend Spione besoldete, die jedes Wort von der Art aufsammeln und hinterbringen musten!

Eben so mit Vernunft und Billigkeit streitend, wie die politischen Grundsäzze in dem grösten Theile von Europa, so sind es auch unsre gottesdienstlichen Einrichtungen und kirchlichen Verfassungen. Der Staat maßt sich das Recht an, zu entscheiden, wie man von Gott und göttlichen Dingen denken und reden, und nach welcher Form man dem höchsten Wesen seine Verehrung bezeugen solle. Diese von der weltlichen Regierung dem Schöpfer aller Dinge vorgeschriebne Weise, wie er sich soll anbeten lassen, nennt man dann die *herrschende Religion* und gute Bürger, die aber nach einer andern Art, ihrer Überzeugung gemäß, die heiligste ihrer Pflichten, die keinem Zwange unterworfen seyn kann, erfüllen wollen, können froh seyn, wenn sie *geduldet* werden. Daß man sie von bürgerlichen

Ämtern und Vortheilen ausschliest, versteht sich von selber, und es ist die Frage, ob jemand, der laut sich erklären würde, er glaube nicht an die ewige Verdammniß, auf dem ganzen festen Lande von Europa an irgend einem Orte als Nachtwächter Brod fände. Die Geistlichen machen einen besondern Stand aus und mischen sich in Geschäfte, welche allein die weltliche Regierung angehen, dirigiren den Unterricht der Jugend und lassen den Menschen den vierten Theil seines Lebens, den er anwenden sollte, sich zum guten Bürger zu bilden, mit dem sehr unnüzzen Studium der dogmatischen Lehrsäzze verschwenden, und ihn, wenn er vierzehn Jahre alt ist, angeloben, was er sein ganzes Leben hindurch glauben will, gleich als wenn ein Mensch vorauswissen könnte, was er in der nächst folgenden Stunde glauben wird, und als wenn man nicht Jedem überlassen müste, da, wo es nur auf seine individuelle Überzeugung und Glükseligkeit ankömmt, sich ein System zu wählen, das ihm Ruhe und Zufriedenheit gewährt! Noch alberner, wenn das möglich ist, muß es einem Philosophen vorkommen, daß die Fürsten in Friedensschlüssen mit einander darüber einig werden, was ihre sämtlichen Unterthanen künftig glauben sollen. In katholischen Reichen übt denn vollends die Geistlichkeit eine Gewalt aus, die zuweilen sogar der weltlichen Regierung furchtbar ist und die ihr niemand übertragen hat, verschwelgt im Müßiggange das Fett des Landes, verurtheilt ihre Mitglieder, den Trieben der Bestimmung und den Pflichten zu entsagen, wozu die Natur alle Geschöpfe auffordert und entzieht dem Staate thätige Bürger, um sie in Klöster einzusperren. Die vorgeschriebne Art der äußern Gottes-Verehrung besteht in manchen Ländern aus läppischen, kindischen Zeremonien, in andern aus den allerlangweiligsten und geschmaklosesten Gebräuchen.

Alle diese politischen und kirchlichen Systeme nun hindern denn auch den Fortgang der Wissenschaften und hemmen den freyen Untersuchungsgeist. Wem die Natur Talente gegeben hat, Licht zu verbreiten und Wahrheit zu finden, der muß seine schönsten Jahre verschleudern, um sich und die Seinigen fähig zu machen, durch die Menge verwikkelter Verhältnisse hindurch, in die Classe der Wenigen hinaufzurükken, die auf Unkosten der übrigen größern Anzahl leben; die Philosophie darf über alles grübeln, nur nicht über das, was den Menschen am wichtigsten ist; wer Geschichtbücher schreibt, der schildert die Thorheiten und Verirrungen einzelner Personen. Der Gelehrte muß um's Geld arbeiten; er muß sich also nach Zeit, Umständen und den Launen des Publikums richten, statt nur Wahrheit und Schönheit vor Augen zu haben – Doch, warum sollte ich die Züge häufen, um die Inkonsequenzen unsrer Verfassungen zu schildern? Leugne Einer, wenn er kann, daß das Original zu diesem, mehr oder weniger ähnlichen Bilde, in allen europäischen Staaten anzutreffen ist! Oder sollen wir England ausnehmen? Freylich! wenn wir des Herrn de l'Olme Roman über die englische Constitution für treue Darstellung der Verfassung halten wollen; so findet man nirgends eine zwekmäßigere Gesezgebung, mehr Gleichheit in Vertheilung der Gewalt, mehr persönliche Freyheit und Sicherheit, als in Großbritannien. Aber beleuchten wir ein wenig die Scene; so werden wir andrer Meinung. Des Königs Gewalt über Krieg und Frieden und überhaupt seine monarchische Macht ist dadurch eingeschränkt, daß von der Nation die Verwilligung der zu jeder Unternehmung nöthigen Gelder abhängt; auch darf er, ohne Einstimmung der Parlamente, keine Gesezze geben. Diese Parlamente nun bestehen aus gewählten Repräsentanten, die, wie bekannt ist, nach einer höchst widersinnigen Proportion das ganze Volk vorstellen, so daß eine Universität deren mehr abschikt, als eine ganze Grafschaft. Bestechungen haben, nach Monsieur de l'Olme Versicherung, dabey nicht Statt; aber das ist Keinem, der gewählt werden will, verwehrt, daß er einem Wählenden für einen Korb voll Eyer hundert Pfund Sterling bezahle. Die Hofparthey ist also nicht nur Meister von den Wahlen, sondern kann auch, da sie Ehrenstellen und Pfründen vergiebt, sich nach Gefallen Parthey machen und durch die Überstimmen Dinge durchsezzen, wovon jedermann weiß, daß der neun und neunzig Hundertheil der Nation dagegen ist. Die Justiz wird so verwaltet und die Gesezze sind so klar, daß nirgends in der Welt die streitenden Theile so jämmerlich von den Advokaten geschunden und nirgends in der Welt so himmelschreyende Urtheile gesprochen werden, als in England. Die Friedensrichter sind nicht selten bestechbar; die Geschwornen oft gewissenlose Menschen aus dem niedrigsten Pöbel. Ein Bösewicht, der mich als Dieb angiebt und seine Aussage durch einen Meineid bekräftigt, kann mich ohne Umstände an den Galgen bringen. Durch den geringsten Anstoß gegen übliche Förmlichkeiten wird die gerechteste Sache verlohren und der ärgste Verbrecher bleibt ungestraft, wenn bey seinem Prozesse gegen eine solche Formalität gefehlt ist. Als im Jahre 1790 ein verworfner Mensch die Frauenzimmer auf ofner Straße mörderischer Weise mit Messern anfiel und er endlich entdekt und angeklagt wurde, fehlte nicht viel, daß man ihn hätte ohne Strafe freylassen müssen, weil die Anklage in eine solche Form gebracht war, daß daraus nichts erwiesen werden konnte, als daß er ein paar Löcher in die Kleider einiger Damen gerissen hatte. Ein Mädchen, das Hauben gestohlen hat, wird, wenn auch der Diebstahl selbst erwiesen ist, freygesprochen, wenn der Ankläger aus Versehn Leinewand nennt, was Nesseltuch war. Ein Mann darf seine Frau mit einem Strikke um den Hals, auf dem Markte verkaufen. Vor zwey Jahren geschahe dies in einer englischen Stadt von Gerichts wegen an einer Armen, welche die Gemeine nicht länger zu ernähren Lust hatte. Wenn ein unglüklicher Mensch, einer Kleinigkeit wegen, am Pillori steht; so wird dem Pöbel verstattet, ihn zu Tode zu martern. Von den greulichen Gewaltthätigkeiten, die im Jahre 1790 bey dem Matrosen-Pressen vorgingen, habe ich schon oben geredet; ich will nur noch den Herrn von Archenholz als Zeugen anführen, der uns erzählt, wie damals freye, mit Gewalt angeworbne Menschen, zu Hunderten in enge Schiffsräume zusammengepakt wurden, wo Viele von ihnen, wie im schwarzen Loche in Calcutta, erstikten. Der Unfug der Accise-Bedienten beweist auch nicht, daß Freyheit in England respektirt wird; daß jemand, der die Schwester seiner verstorbnen Frau heyrathet, wie ein Blutschänder bestraft wird, ist eben kein Zeichen einer philosophischen Gesezgebung. Die reichen Geistlichen führen ein ärgerliches und wollüstiges Leben in der Hauptstadt und lassen drey oder vier Landpfarreyen, welche sie an sich gekauft haben, durch Vikarien versehn. Hierzu werden Die gewählt, welche am wenigsten Besoldung fordern; die Gemeinen müssen mit den verworfensten, unwissendsten Menschen zu Seelsorgern vorlieb nehmen, indeß die wirklichen Pfarrer von ihrem theuren Gelde in London Maitressen unterhalten, und nie keinen Fuß in ihre Kirchsprengel sezzen. Die Preß-Freiheit wird von Jahren zu Jahren mehr eingeschränkt. Luxus, Mangel an Treue und Glauben und Unsittlichkeit nehmen auf eine fast unglaubliche Weise überhand. Öffentlich werden Akademien eröfnet, in welchen man Unterricht im Stehlen giebt; öffentlich werden die Hazard-Spiele geduldet, gegen welche man die strengsten Gesezze gegeben hat; die Menge müßiger, gegen die Ordnung der Natur lebender Menschen vermehrt sich in allen Ständen, und die unerhörtesten, niederträchtigsten Verbrechen und Laster, wovon man täglich Beyspiele sieht, laden den Staatsmann und Philosophen eben nicht ein, die englische Verfassung zum Muster anzupreisen.

So sieht es mit unsern europäischen Staats-Verfassungen aus – leugne das, wer da kann, und vertheydige das, wer da darf! Nicht, daß wir keine edle, große, die heiligen Menschenrechte respektirende Könige und Fürsten hätten; aber wir reden hier nicht von einzelnen Menschen, die sich des Misbrauchs *enthalten*, den sie von ihrer Gewalt machen *könnten*, und die so viel möglich den Fehlern auszuweichen, die Gebrechen zu heilen suchen, die in der Constitution liegen; sondern von den Verfassungen selbst reden wir, die von der Art sind, daß keine bestimmte Gesezze jenen *möglichen* Misbrauch einschränken. Sie sind also gegen die Ordnung der Natur; sie streiten mit dem ersten Zwekke jeder gesellschaftlichen Vereinigung, indem sie, statt die allgemeinen Menschenrechte und die persönliche Sicherheit und Glükseligkeit Aller durch gegenseitigen Schuz zu befördern und gegen Beleidigungen zu sichern, vielmehr ganz darauf eingerichtet zu seyn scheinen, daß eine kleinere Anzahl der Bürger, auf Unkosten der größern Anzahl, ihre Leidenschaften befriedigen, sich Vortheile verschaffen und Vorrechte anmaßen könne, die ihnen nach der Ordnung der Natur nicht zukommen. In den Zeiten der Barbarey nun, wo unter hundert Menschen kaum Einer fähig ist, über seine Verhältnisse nachzudenken, wo dikke Nebel die Augen des großen Haufens umhüllen und alle Ressorts, aus welchen das Maschinenwerk des Despotismus besteht, ihre volle Kraft haben; da läßt sich eine solche Gewalt über die Menge erlangen. Auch beruht diese Gewalt auf dem heiligen, in der Natur gegründeten Rechte des Stärkern; denn wenn der Schwächere in den Kräften seines Geistes und in seiner Geschiklichkeit Hülfsquellen findet, die ihm den Mangel an körperlicher Prästanz ersezzen, oder wenn er den Stärkern dahin bringen kann, daß er freywillig oder aus ungegründeter Furcht ihm ein Übergewicht zugesteht; so wird Er ja dadurch der Mächtigere. Allein sobald Jener die Augen öfnet und anfängt sich selber zu erkennen und zu fühlen; dann ist die Zeit der Täuschung aus, und das künstliche Regiment hat ein Ende. Thöricht wäre es, verlangen zu wollen, daß, in einem Zeitalter, wo Cultur und Wissenschaften in allen Ständen zugenommen haben, die alten Gängelbänder, an welchen man unwissende und dumme Menschen leitet, nämlich Vorurtheil, Autorität, Täuschung und blinder Glauben, noch immer den Haufen der Starken im Zaume halten sollten. Und doch verlangen wir nicht nur, diese Albernheit durchzusezzen, sondern wir wollen sogar die Sache per modum contrarium treiben, das heist: indeß das Volk täglich klüger, täglich abgeneigter wird, sich im Blinden führen zu lassen, werden die Ansprüche der Herrscher auf blinden Gehorsam täglich größer – Das Kind behandelte man mit Glimpf und den Mann will man mit der Ruthe züchtigen. Ist es möglich, ist es denkbar, daß dies dauern könne? Nein, gewiß nicht! und ohne Prophet und ohne Aufwiegler zu seyn, kann man es voraus verkündigen, daß allen europäischen Staats-Verfassungen eine nahe Umkehrung bevorsteht.

Siebenter Abschnitt

Welche Art von Revolution in den Staats-Verfassungen zu erwarten, zu befürchten oder zu hoffen sey?

Man sage doch ja nicht, daß die französische Revolution das Feuer des Aufruhrs in allen Gegenden von Europa anblase, noch daß selbst die kühnsten und unvorsichtigsten Schriftsteller, welche den Rechten der Menschen und der Freyheit das Wort reden, ruhige Völker zu Empörungen verleiten! Ich werde mich bemühn, das Gegentheil solcher Behauptungen in diesem und den folgenden Abschnitten darzuthun.

Ich meine hinlänglich bewiesen zu haben, daß alle europäische Staats-Verfassungen von der Art, daß sie so, wie sie beschaffen sind, bey der jezzigen Stimmung des Zeitalters, nicht dauern können. In Frankreich nun war das Übel am ärgsten, der Despotismus auf den höchsten Grad gestiegen; zugleich hatte die gegen wirkende Cultur in allen Ständen zugenommen, indeß Armuth und Elend das Volk zur Verzweiflung brachte. Frankreich war also der Theil des Geschwürs, der zu seiner ganzen Reife gelangt war, und der daher zuerst aufbrechen oder durchgestochen werden muste. Statt darüber zu jammern, sollten wir uns freuen, wir andern Europäer, daß nicht zuerst uns die Reihe getroffen, daß wir, wenn wir es nur recht anfangen, uns den Schmerz einer ähnlichen Operation ersparen und durch zertheilende Mittel die materia peccans fortschaffen können. Das Beyspiel unsrer Nachbarn kann für Regenten und Volk heilsam werden. Jene mögen sich daran spiegeln und gewahr werden, was der große Haufen vermag, wenn man ihn aufs Äußerste treibt und wie wenig die alten Quaksalbereyen gegen ein so eingewurzeltes Übel wirken; das Volk aber mag durch den Anblik aller Greuel der Anarchie bewegen werden, sich zu keinen übereilten Schritten verleiten zu lassen, nicht, ohne die äußerste Noth, zu gewaltsamen Mitteln zu schreiten und einen leidlichen Zustand von conventioneller Ruhe und Glükseligkeit nicht gegen die ungewissen Folgen einer gänzlichen Umstürzung auf das Spiel zu sezzen!

Also ist es nicht die französische Revolution, welche den Ton von Unzufriedenheit unter den übrigen Völkern anstimmt, sondern umgekehrt, die allgemeine Unzufriedenheit ist zuerst in Frankreich ausgebrochen. Auch sind es nicht die Schriftsteller, die so genannten Aufklärer und Apostel der Freiheit, nach denen Hoffmann, elenden und jämmerlichen Andenkens, mit Gassenkoth wirft, diese Schriftsteller sind es nicht, welche Aufruhr erwekken; sondern die allgemeine Stimme des Volks ist es, die durch diese Schriftsteller redet. Noch nie haben Bücherschreiber große Weltbegebenheiten bewirkt, sondern die veränderte Ordnung der Dinge wirkt im Gegentheil auf den Geist der Bücherschreiber; Jeder fühlt dann dunkel das Bedürfniß zu reden, bis Einer endlich den Mund öfnet. Und wäre Er es nicht; so würde es ein Andrer seyn – Es ist aber Wohlthat, daß dergleichen zur Sprache komme und von allen Seiten beleuchtet werde, weil es noch Zeit ist. Geht die That vor dem Raisonnement her; so ist das Übel unendlich größer. Luther hat die Reformation bewirkt; aber was für eine Reformation? Eine solche, die nicht ausbleiben konnte, wovon das Bedürfniß in allen christlichen Staaten gefühlt wurde. Ohne dies allgemeine Bedürfniß würde sein Toben und Wirken ohne Nuzzen und ohne Schaden geblieben seyn. Man würde ihn wie einen Schwärmer behandelt, und seinen Reformationsplan, zugleich mit jenes französischen Abts Vorschlägen zu einem ewigen Frieden, belächelt haben.

Wollt Ihr aber wissen, welche Schriftsteller das Volk zum Aufrühre reizen könnten? Solche Scribler, solche Schmeichler, wie Hoffmann[3] und seines Gleichen, die sind es, welche, indem sie gegen die gesunde Vernunft und den freyen Untersuchungsgeist zu Felde ziehen, jedem bessern Manne, der noch gern geschwiegen hätte, den Mund öfnen. Sie misleiten und verblenden schwache Fürsten, die sonst im Begriffe sind, über ihre mislice Lage erleuchtet zu werden, erbittern durch leidenschaftliche Grobheit und machen jede Sache verdächtig, die solcher verächtlichen Vertheydiger bedarf.

»Aber was für Beruf« fragt der Furchtsame »was für Beruf habt Ihr Schriftsteller, Euch in diese Händel zu mischen? Was gehen

---

[3] Doch dieser unwissende Schwäzzer, welcher Professor des teutschen Styls ist, und keine Seite ohne grammatikalische Fehler schreiben kann, der mit beyspielloser Frechheit sich rühmt: der Kayser sey Mitarbeiter an seinem albernen Journale – der wird nun wohl von seinen langöhrichten Mitbrüdern am wenigsten Nachtheil stiften.

Euch die Regierungen der Welt an? Wandelt doch Euren Gang in Frieden fort und schreibet über« – Nun? worüber? Über was für Gegenstände, wenn man nicht über die schreiben soll, die der ganzen Menschheit interessant und wichtig sind? Hat nicht jeder Bürger im Staate Beruf, sich in Angelegenheiten zu mischen, wovon die Wohlfahrt Aller abhängt? Und wenn Dein eignes Haus nicht brennt; folgt daraus, daß Du Deinen Nachbar nicht warnen dürfest, vor Unvorsichtigkeit mit Feuer und Licht? – Wahrlich! eine schöne Lehre! Also, wenn Millionen über die Mishandlungen eines Einzelnen seufzen; so soll Keiner das Recht haben, die allgemeinen Klagen vor den Richtstuhl zu bringen? »Ja! vor den Richtstuhl« – Und vor welchen? Etwa vor den Richtstuhl Derjenigen, die selbst die Beklagten sind? – Nein! vor den Richtstuhl des Publikums, des gesammten Volks! Dahin gehören solche Klagen, und diese Publicität allein ist das sicherste Mittel, heimlichen Meutereyen und den Einwirkungen im Finstern schleichender Rotten vorzubeugen.

»Aber man darf gewisse Wahrheiten eben so wenig laut predigen, als man kleinen Kindern Messer und Scheeren in die Hand geben darf.« – Wer hat Euch das glauben gemacht? Ächte Wahrheiten können unbrauchbare Werkzeuge für Unmündige, aber nie, in keines Menschen Hand gefährliche Waffen seyn. Das Gegentheil haben von jeher nur solche Leute behauptet, die ihren schändlichen Vortheil bey der Verfinsterung finden. Schade um die elende Glükseligkeit, die auf Lügen und Vorurtheilen beruht! Täuschung – selige Täuschung! Das ist eine Dichter-Phrasis und mag beym Liebeln und Empfindeln gar angenehme Dienste thun; aber wo es heilige Menschenrechte und zeitliche und ewige Glükseligkeit gilt; da hat kein Mensch, kein Engel das Recht, uns zu täuschen.

»Allein habe ich nicht selbst gesagt, daß der gröste Theil des Menschengeschlechts in allen Zeitaltern unmündig und der Täuschung unterworfen bleiben werde?« – ja, werde, leider! *werde*; aber nicht *solle*, nicht *müsse*. Giebt denn das uns das Befugniß, ihn muthwilligerweise zu betrügen, ihm sein Eigenthum an Wahrheit und Weisheit zu schmälern? Wer hat uns zu Vormündern auf ewige Zeiten von gewissen Volks-Classen gemacht, ohne Unterschied, ob unter Diesen nicht vielleicht Menschen sind, deren Verstandskräfte die unsrigen weit übertreffen? Noch einmal! unmündig und schwach bleibt freylich der gröste Theil aller Lebendigen; aber dieser Theil besteht nicht grade aus Bauern. Das wäre ja erschreklich, wenn ein ganzer Stand, und zwar der nüzlichste im Staate, verurtheilt seyn sollte, ewig dumm und unwissend zu bleiben; und es ist thöricht, zu sagen, man werde an ihm zum Wohlthäter, wenn man ihn in einer Täuschung erhält, bey welcher er sich so übel befindet.

Allein nicht nur ist keine Befugniß, es ist auch keine Möglichkeit da, die Aufklärung zurükzuhalten; und wenn sie nun einmal, ohne unser Gebet, ihre Fortschritte macht; so ist es die Pflicht Derer, die über so wichtige Gegenstände reiflicher nachgedacht haben, ihren Mitbürgern den Leitfaden zu bessrer Anordnung ihrer Gedanken zu geben – das ist wahrer Schriftsteller-Beruf. Auf diese Weise kann der Gelehrte, wenn er das Bedürfniß seines Zeitalters richtig kennt, sehr nüzlich werden. Schaden stiften kann er, *wenn das, was er sagt, wirklich ächte Wahrheit ist*, nie. Kömmt diese Wahrheit zur Unzeit, das heist: calculirt er das Bedürfniß unrichtig; so wird sie nicht erkannt, nicht verstanden, zieht ihm vielleicht Verfolgung zu; aber Unglük kann Der nie stiften, der *ächte* Wahrheit geltend macht. Sehr viel mehr Unglük stiftet halbe Aufklärung; Verworrenheit in Begriffen. Und jezt leben wir in einem Zeitalter, das sehr viel Licht verträgt, in welchem man gewisse Wahrheiten nicht zu oft sagen kann. Alle Classen der Bürger lesen, lesen Geschichtsbücher, lesen Zeitungen; sie erfahren dann, daß Tristan l'Hermite mehr als viertausend unschuldige Menschen, unter Ludwig des Eilften Regierung, in der Bastille umkommen ließ; sie erfahren, daß nun die Bastille nicht mehr ist, daß das Volk sie, und mit ihr den Despotismus, zerstöhrt hat. Sie sehen also, daß man so etwas thun *kann*; sie lesen auch, daß Viele behaupten, man *dürfe* so etwas thun; sie fangen auch wohl an, zu ahnden, man habe von je her sich angemaßt, alles thun zu *dürfen*, was man thun *konnte* – und so ist denn freylich leicht abzusehen, daß auch sie so etwas thun *werden*, wenn sie *wollen*.

Hier ist also kein andres Mittel, als den Willen zu lenken und die Vernunft, welche den Willen regiert, zu überzeugen. Jenes ist in der Regenten Hand, dieses ein Geschäft der Schriftsteller. Wenn die Regierungen ihre Pflichten so treu erfüllen und dabey solche, zu dem Zeitalter passende Mittel wählen, daß die Bürger im Staate sich glüklich fühlen; so entsteht kein Misvergnügen, kein Bedürfniß, folglich auch kein Willen, die Ordnung der Dinge zu verändern. Und wenn dann die Schriftsteller die ächten Grundsäzze entwikkeln, worauf die Rechte aller Menschen und ihre Verbindlichkeiten gegen einander beruhen; die Vortheile der bürgerlichen Gesellschaft und die daraus entstehen den Pflichten; die Notwendigkeit einer gewissen Ordnung und der Unterwürfigkeit gegen die Gesezze; wenn sie dies mit Freymüthigkeit und Klarheit thun; so wird das auf alle Stände gesegneten Einfluß haben; die Regenten werden die Unvermeidlichkeit einer Veränderung in ihren Systemen erkennen und zwekmäßige Mittel wählen, allen Klagen abzuhelfen; das Volk aber wird vorsichtig werden und sich zu keinen tumultuarischen Schritten verleiten lassen.

Achter Abschnitt

Wie allen gewaltsamen Revolutionen vorgebeugt werden könne.

Wer in seinem Hause sich behaglich fühlt und kein Müßiggänger ist, pflegt sich selten um das zu bekümmern, was der Nachbar in dem Innern seines Hauswesens treibt; und ein Volk, bey welchem ein ziemlich gleich vertheilter Wohlstand und dabey nüzliche Thätigkeit herrschen, pflegt eben keinen leidenschaftlichen Antheil an den Begebenheiten und Gährungen in fremden Ländern zu nehmen. Die Sorge für das allgemeine Wohl geht wenig Leuten so nahe zu Herzen, als die Sorge für das eigne Ich. Wer also Interesse für eine Veränderung in der Staats-Verfassung empfinden soll, der muß überzeugt seyn, daß seine und der Seinigen persönliche Existenz bey dieser Veränderung einen Zuwachs von Vollkommenheit erlangen würde.

Die Anzahl Derer, die Ruhe und Gemächlichkeit lieben und ungern rasche Schritte thun, ist unendlich größer, als die der unruhigen Köpfe, voll rastloser Thätigkeit. Wenig Menschen sezzen gern das gewisse Gute aufs Spiel, gegen das Ungewisse, wonach man mit Gefahr ringen muß. Einzelne Aufwiegler machen wenig Eindruk auf Gemüther, in denen nicht schon der Saamen der Unzufriedenheit keimt; und also sind im Ganzen nur gemishandelte und gemisbrauchte Menschen zum Aufrühre geneigt, oder leicht dazu zu vermögen.

Jeder irgend verständige Mensch weiß, daß man in diesem Erdenleben eine gewisse Summe von Ungemächlichkeiten und Lasten tragen muß. Von Jugend auf wird er an Aufopferungen gewöhnt, und Gewohnheit hat größere Gewalt über ihn, wie alles Übrige; folglich muß zu dieser Last, seinem Gefühle nach, eine unerträgliche Zugabe kommen, wenn er bewogen werden soll, zu murren und das Gewöhnte unnatürlich zu finden.

Wer nicht gewahr wird, daß es andern Leuten unter denselben Umständen besser geht, als ihm, wird nicht leicht mit seinem Zustande unzufrieden werden.

Liebe und Zuneigung zu Wohlthätern, Dankbarkeit für Schuz und gewährte Sicherheit, Erkenntlichkeit gegen edle und redliche Behandlung, Verehrung hervorstechender Talente und eine Art von Furcht vor überwiegender Klugheit ist allen vernünftigen Wesen von Natur eingeprägt. Nur Menschen von äußerst stürmischen Leidenschaften (und Diese machen gewiß den geringem Theil des großen Haufens aus) verleugnen solche Gefühle.

Wer eine rasche, gefährliche That ausführen will und dazu die Mitwirkung Vieler bedarf, wird nicht leicht sich Andern eröfnen und ihnen seine Plane mittheilen, wenn er nicht gewiß überzeugt ist, daß Diese von eben den Empfindungen, wie er, durchdrungen sind, und das sezt entweder eine allgemein gegründete Unzufriedenheit oder eine allgemeine Corruption der sittlichen Gefühle voraus – An beyden ist die Regierung Schuld.

Aus diesem Allen ziehen wir theoretisch folgende Schlüsse: daß Empörungen in keinem andern, als in einem äußerst verderbten, in einem äußerst unglüklichen, oder in einem äußerst inkonsequent regierten Staate zu Stande gebracht werden können. In dem erstern, weil da der größere Theil der Menschen geneigt ist, ungerecht zu handeln; in dem zweiten, weil da die Menschen, es komme, wie es wolle, nichts zu verlieren haben; und in dem dritten, weil da die Menschen weniger Gefahr fürchten, wenn auch der Anschlag mislingen sollte.

Aber auch aus der Erfahrung läßt sich beweisen, daß nur in solchen Staaten Revolutionen auszubrechen pflegen, in welchen die Regierungen entweder ohne feste Grundsäzze, oder nach grausamen, oder nach unmoralischen Grundsäzzen gehandelt, folglich sich entweder Verachtung, oder Abscheu zugezogen haben.

Peter der Große stürzte alles über den Haufen, woran seine Völker aus Vorurtheil und Gewohnheit hingen. Mit der unumschränktesten Gewalt herrschte er über Leben, Stand, Vorrechte und Vermögen der Unterthanen. Allein er selbst war ein großer, muthiger Mann, der Erste seiner Nation; Er gab das Beyspiel in aller Art von Aufopferung, Gehorsam und Thätigkeit; Alle seine Einrichtungen trugen das Gepräge der Sorgfalt für das allgemeine Wohl; ihr Nuzzen zeigte sich offenbar und sein Despotismus war dem Genie des Volks und dessen Sitten angemessen – also drang er durch, und es kam keine Haupt-Empörung gegen ihn zu Stande, in einem Reiche, wo sonst der kleinste Funken das Feuer des Aufruhrs in helle Flammen auflodern macht.

Carl der Zwölfte opferte seinem unbegränzten Ehrgeize und seinem Eigensinne das Leben und den Wohlstand seiner treuesten, besten Unterthanen, ohne allen Zwek auf, entvölkerte Schweden, stürzte es zu der tiefsten Stufe der Armuth herab und regierte mit beyspielloser Härte und Willkühr – und dennoch fand er den willigsten Gehorsam, ohne Murren – warum? weil er selbst für sich so wenig forderte und, bey allen Verirrungen jener Leidenschaften, so wenig der Sklave weichlicher Begierden und dabey so tapfer wie Keiner, so unermüdet, so wachsam, so populär, so mäßig, so religiös war – kurz! weil er in hohem Grade die Tugenden besaß, für welche sein Volk Sinn hatte, und nie in solche Verirrungen fiel, welche bey diesem Volke die Bewundrung seiner Erhabenheit hätte schwächen müssen.

Und nun das Muster aller Könige, das Wunder aller Zeitalter, Friedrich der Einzige – wer herrschte unumschränkter, willkührlicher als Er? Wer vertrug weniger Widerspruch? Über welches Königs Despotismus und Tyranney haben die Ausländer lauter geschrien? – Aber auch nur Ausländer; denn in welchem Lande herrschte je ein wärmerer Enthusiasmus für einen Monarchen, als in Preußen, während der unvergeßlichen Regierung dieses göttlichen Mannes? Aber er respektirte das, was dem Menschen das Heiligste ist, für dessen ruhigen Besiz er gern alles Übrige aufopfert – Freiheit zu denken, zu reden, zu schreiben, zu glauben und zu bekennen, was in seinem Kopfe oder in seinem Herzen ist, und er wahrmachen zu können meint. Ihm war nicht bange vor Meutereyen, vor Aufwieglern, vor Aufklärern, vor Volks-Verführern. Hier in der freyen Reichsstadt, in der ich lebe, würde ich es nicht wagen, über die Thorheiten eines unbedeutenden kleinen Prinzen so unbefangen zu urtheilen, wie man damals von dem grösten Könige des Erdbodens laut in seinem Vorzimmer in Potsdam reden und über jede seiner Handlungen raisonniren durfte. Aber diese Handlungen brauchten auch nicht das Licht zu scheuen. Da saß er, ohne Leibwache, bey ofnen Thüren, ohne zu fürchten, daß jemand einen Anschlag auf ein Leben wagen würde, das ganz der Thätigkeit für das allgemeine Wohl gewidmet war. Sein Machtspruch bestimmte Auflagen und Abgaben, aber er verschwelgte nicht das Eigenthum der Unterthanen mit Buhlerinnen und Geigern und Pfeifern; alle Ausgaben waren Staats-Bedürfnisse. Wie mancher reiche Privatmann im Lande lebte bequemer, üppiger, glänzender, als Er! Wen ohne sein Verschulden Noth und Unglüksfälle zu Boden schlugen, der konnte, wenn er kein Tagedieb, sondern ein nüzlicher Bürger war, sicher seyn, bey ihm Rettung und Hülfe zu finden. Er ehrte das Verdienst in jedem Stande und seine Freunde waren Menschen, denen kein vernünftiger Mann seine Achtung versagen konnte. Projektmacher, Schwärmer und andächtelnde Heuchler fanden keinen Eingang bey seiner nüchternen Vernunft. Wer arbeitete ämsiger, besser, unermüdeter, pünktlicher wie Er? Strenge Gerechtigkeit leitete jeden seiner Schritte, so weit menschliche Einsicht reichen kann. Nie machte seine Willkühr Ausnahmen von bestimmten Gesezzen; nie verlor er seinen Haupt-Plan aus den Augen, der nicht verheimlicht wurde, der offen da lag, jeder Prüfung ausgestellt. Aber wer hätte auftreten mögen und sagen: ich will besser regieren, als Er? Wer durfte denken, er sey unerschrokner, scharfsichtiger, schneller bey dringenden Fällen, geschikter begangne Fehler zu verbessern, wachsamer, weniger vergessend? Wer war liebenswürdiger, hinreißender, überredender, wizziger als Er, im geselligen Umgange? Er bezahlte keine Inquisitoren, keine Lobredner und keine Spione; seine Heere beschüzten sein Land, nicht seine Person; seine Sicherheit, seine Unverlezlichkeit beruhete auf seiner Tugend, auf seinem entschieden hohen Werthe, auf der Reinigkeit seiner Absichten und auf der Weisheit seiner Mittel. Er ließ den Leuten nicht aus der Bibel beweisen, daß sie ihm gehorchen müsten, sondern erregte den Willen in ihnen, gern zu thun, was er befahl, weil sie seiner Weisheit trauen durften. Und hätte er tausend Jahre regiert und hätten um ihn her unzählige Volks-Aufklärer und Freiheits-Apostel über die Rechte der Menschheit, über die Befugnisse, sich frey zu machen, über die Gleichheit der Stände und gegen Kirchensysteme geschrieben; nie hätten seine Unterthanen sich zum Aufrühre bewegen lassen; denn sie fühlten sich – die Unvollkommenheit aller menschlichen Anstalten abgerechnet – glüklicher, sichrer, freyer, als irgend ein andres Volk.

Fragt man, warum die Regierung des edeln Kaisers Joseph, dessen Haupt-Augenmerk doch gewiß auch nur das allgemeine Wohl und das Glük seiner Völker war, dennoch durch innerliche Gährungen bezeichnet wurde; so wird es nicht schwer, die Antwort zu finden, wenn man einen Blik auf das Bild wirft, welches ich von des großen Friedrichs Regierung entworfen habe. Grade der Mangel an jener Consequenz in allen, auch den geringsten Schritten des unsterblichen Königs, und an der nie aus den Augen gesezten Rüksicht auf den Grad der Cultur seines Volks, hinderte den für alles Edle und Große so eifrigen Kayser, in Ausführung des Guten; und so konnte denn der Erfolg der Reinigkeit seiner Zwekke nicht entsprechen.

»Aber« wird man mir einwenden »sind denn nie Empörungen ausgebrochen, gegen die weisesten und besten Regenten? Ist nicht der vortrefliche Heinrich der Vierte das Opfer einer solchen Verschwörung gewesen?« Freylich! und wer leugnet denn auch, daß falscher Religions-Eifer gegen gute Fürsten eine Mörderhand bewafnen könne? Aber Königsmord ist ja nicht Umwälzung eines Regierungs-Systems, und vielleicht könnte man Denen, welche der zunehmenden Aufklärung den Vorwurf machen, sie richte Verwirrungen in den Staaten an, grade die Erfahrung entgegensezzen, daß wir Beyspiele von solchen Freveln nur da finden, wo der Fanatismus herrschte und die Aufklärung ihr wohlthätiges Licht noch nicht verbreitet hatte.

Und wenn denn in keinem Lande gewaltsame Umkehrungen zu befürchten sind, wo die Regierung edel und konsequent handelt; welche herrliche Aussichten von Ruhe und Wohlstand haben wir nicht in Teutschland vor uns? – in Teutschland, wo so viel gute Fürsten den besten Willen, ihre Mitbürger glüklich und froh zu machen, mit erhabnen Vorzügen des Geistes verbinden und wo die, welche etwa noch durch fehlerhafte Erziehung und böse Rathgeber irre geleitet sind, auch bald durch gutes Beyspiel, durch die allgemeine Stimme, durch ernsthafte Betrachtungen über die französische Revolution und, welches denn auch nicht schaden kann, durch Furcht, von ihren Vorurtheilen, Irrthümern und falschen Grundsäzzen zurükkommen und einsehn lernen werden, daß ihr Interesse und das Interesse des Volks nur Eines ist?

Reichet also selbst die Hände zur nöthigen Verbesserung, Ihr Regenten! weil es noch Zeit ist! Entsaget den elenden und kostspieligen Kinderreyen, worin so Manche von Euch ihren Ruhm, ihre Hoheit, ihren Glanz suchen! Was kann armseliger seyn, als Eure Zirkel von hirnlosen, müßigen Hofschranzen? Versammelt doch um Euch her – Männer, keine Affen! Männer mit Kopf und Herz, die Euch die Wahrheit nicht verhehlen! Was kann unnüzzer seyn, als Eure herausgepuzten Puppen, die Ihr Soldaten nennt, mit denen Ihr, die Ihr vor allen feindlichen Anfällen sicher seyd, mitten im Frieden, den Krieg spielt und denen der Hunger und die Sehnsucht nach ihren väterlichen Hütten aus den Augen blikken? Was kann geschmakloser seyn, als Eure Feste, Eure Cour- und Galla-Tage, an denen kein Herz Theil nimmt, wo Ihr dem Zwange und der Langeweile Stunden opfert, die Ihr so nüzlich, so segenvoll, so selig verleben könntet?

Gebet Euren Unterthanen das erste Beyspiel in aller Art Tugend und Ehrerbietung gegen natürliche und konventionelle Gesezze, in Mäßigkeit, Arbeitsamkeit, Treue, Wahrheit und Häuslichkeit! Respektiret das ächte Verdienst; zeiget Abscheu gegen Ränke und Cabalen, gegen Ausspäher und Anbringer und suchet das moralische Gefühl Eurer Mitbürger zu veredeln!

Machet Euch nicht zu Nachahmern, zu Dienern, zu Sklaven fremder Fürsten, indeß Ihr selbst zu Hause den Genuß der süßesten Herrschaft, der väterlichen Herrschaft über vernünftige und freye Menschen, die Euch lieben, in vollem Maaße schmekken könnt!

Entsaget der thörichten Eroberungssucht, und überzeuget Euch, daß hundert Menschen glüklich und froh zu machen, unendlich ehrenvoller sey, als Millionen mit Gewalt an das verhaßte Joch des Despotismus zu binden!

Verschanzet Euch nicht in Euren langweiligen Residenzen gegen den armen, durch die Unter-Despoten gemishandelten Landmann, der Euch gern seine Noth klagen mögte! Reiset in die Provinzen; sehet mit eignen Augen, höret mit eignen Ohren und verlasset Euch nicht auf die Berichte Derer, die Euch die Augen verbinden!

Ehret alle nüzlichen Stände und leidet nicht, daß sich gewisse Classen privilegirt glauben, durch Hochmuth, Unwissenheit und Müßiggang sich über fleißige und bessere Menschen zu erheben!

Verbannet auf immer den Wahn, daß Verdienste, persönliche Vorzüge und das Recht auf Ehrenstellen und Staatsbedienungen vererbt und angebohren werden können!

Glaubet den schmeichlerischen Buben nicht, die Euch für Statthalter Gottes, ja für Halbgötter ausgeben, den Heuchlern, die Euch wahrheitsliebende Leute verdächtig machen wollen! Sie zittern, aus Furcht entlarvt zu werden und hinter Eure Majestät wollen sie sich verkriechen, damit man ihre Schelmenstükke nicht an den Tag bringe. Sie dürfen den bessern Mann nicht aufkommen lassen, damit Ihr das wahre Verdienst nicht kennen lernet und sie nicht ihr Ansehn verlieren.

Ehret den Mann und danket ihm, der Euch bittre Arzeneyen giebt! Wer Euch sagt, daß Ihr die ersten Diener des Staats seyd, daß Ihr Eure Macht aus den Händen des Volks erhalten habt, (ein Saz, den der gute Kayser Joseph selbst öffentlich bekannte) der meint es redlicher mit Befestigung Eures Throns, der ist ein treuerer Diener, als Eure kriechende Sklaven. Jenen ist der Stellvertreter der Nation heilig, Diese würden Euch noch heute verlassen, wenn ein andrer Tyrann Euch die Krone vom Haupte risse.

Rükket mit fort in der Cultur; leset die Werke der Geschichtschreiber und Philosophen, damit nicht unerwartet Wahrheiten in Cours kommen, worauf Ihr nicht vorbereitet seyd, an deren Misbrauch, wenn ein solcher Misbrauch zu fürchten wäre, niemand Schuld seyn würde, als Ihr, berufene Erzieher des Volks!

Allein glaubet nicht, daß man durch Zwangsmittel und Edikte Meinungen lenken und Aufklärung hindern könne! Erlaubet immer, daß jedermann laut rede, und seyd versichert, daß niemand weniger zu fürchten ist, als der Schwäzzer! Je mehr die Menschen plaudern, desto weniger handeln sie. Widerstand reizt, Einschränkungen erbittern. Verbote von der Art sind das sicherste Kennzeichen einer schwachen Regierung, erwekken den sehr gegründeten Verdacht, daß Eure Schritte nicht sicher sind, daß Eure Grundsäzze das Licht scheuen. Was nicht in Teutschland gedrukt werden darf, wird auswärts verlegt und was nicht öffentlich genossen werden darf, wird heimlich um desto gieriger verschlungen. Wenn die allgemeine Meinung zu Eurem Vortheile spricht; wenn so viel Herzen von Liebe und Verehrung für Euch erfüllt sind, wenn man Euren guten Willen sieht und Euren Einsichten trauet; was kümmert Euch dann das Geschrey einzelner Schwindelköpfe? Und ist das nicht der Fall; so gebet die Rolle ab, die Ihr nicht zu spielen verstehet! Wenn die Wahrheit reift; so trägt sie ihre Frucht und alle Welt sieht, daß von dem Baume gut zu essen, und daß er lieblich anzuschaun ist. Dann seyd weise und stellet Euch an die Spizze der Aufleser, damit es fein ordentlich dabey hergehe! Verbietet Ihr die Frucht; so fallen sie Euch bey Nacht und Nebel darüber her, und wer ist dann Schuld an der Verwirrung und an den blutigen Köpfen?

Fühlt Ihr nun die Nothwendigkeit, bald Eure Systeme, Eure Maximen, Eure Verfassung zu ändern; (und wer von Euch sollte die nicht fühlen?) murrt sogar schon heimlich Euer Volk; so berufet die Landesstände; berufet frey gewählte Repräsentanten aus allen Classen der Bürger; leget ihnen Eure Wünsche, Eure Klagen, Eure guten Entschlüsse vor; überleget gemeinschaftlich mit ihnen, wie zu helfen sey; verheimlichet ihnen nichts! Ihr seyd Ihnen Rechenschaft schuldig; gebet sie freywillig, ehe man sie Euch abnöthigt! Sie werden Euch das zum Verdienste anrechnen und Ihr gewinnt dadurch an Macht und an Würde. Entwerfet bestimmte Gesezze, die dem Genius des Zeitalters angemessen sind, und entsaget aller willkührlichen Gewalt, die niemand verantwortlich seyn will! O! versuchet es, und glaubet, Ihr werdet Euch glüklicher und größer dabey fühlen, als jezt. Aber Eure Vezire, Eure Paschas, die sind es, die Euch dahin nicht kommen lassen wollen – trauet ihnen nicht!

Ich bin ein schlichter Mann, freylich ehemals bey des Kaysers von Abyssinien Majestät kein unbedeutendes Subjekt gewesen, aber jezt Notarius caesarius publicus in Bopfingen, und nichts weiter. Meinetwegen könnte es also wol noch so bunt in der Welt hergehn; ich verlöre nichts dabey. Aber ich denke immer, ich müste doch auch so meine unmaßgebliche Meinung sagen zu dem heutigen Revolutionswesen. Quaeritur: ob Ihr dieses mein opusculum lesen werdet? – Das steht nun freylich dahin; indessen dixi, et liberaui animam meam.

Über tredition

Eigenes Buch veröffentlichen

tredition wurde 2006 in Hamburg gegründet und hat seither mehrere tausend Buchtitel veröffentlicht. Autoren veröffentlichen in wenigen leichten Schritten gedruckte Bücher, e-Books und audio-Books. tredition hat das Ziel, die beste und fairste Veröffentlichungsmöglichkeit für Autoren zu bieten.

tredition wurde mit der Erkenntnis gegründet, dass nur etwa jedes 200. bei Verlagen eingereichte Manuskript veröffentlicht wird. Dabei hat jedes Buch seinen Markt, also seine Leser. tredition sorgt dafür, dass für jedes Buch die Leserschaft auch erreicht wird.

Im einzigartigen Literatur-Netzwerk von tredition bieten zahlreiche Literatur-Partner (das sind Lektoren, Übersetzer, Hörbuchsprecher und Illustratoren) ihre Dienstleistung an, um Manuskripte zu verbessern oder die Vielfalt zu erhöhen. Autoren vereinbaren direkt mit den Literatur-Partnern die Konditionen ihrer Zusammenarbeit und partizipieren gemeinsam am Erfolg des Buches.

Das gesamte Verlagsprogramm von tredition ist bei allen stationären Buchhandlungen und Online-Buchhändlern wie z. B. Amazon erhältlich. e-Books stehen bei den führenden Online-Portalen (z. B. iBookstore von Apple oder Kindle von Amazon) zum Verkauf.

Einfach leicht ein Buch veröffentlichen: **www.tredition.de**

Eigene Buchreihe oder eigenen Verlag gründen

Seit 2009 bietet tredition sein Verlagskonzept auch als sogenanntes "White-Label" an. Das bedeutet, dass andere Unternehmen, Institutionen und Personen risikofrei und unkompliziert selbst zum Herausgeber von Büchern und Buchreihen unter eigener Marke werden können. tredition übernimmt dabei das komplette Herstellungs- und Distributionsrisiko.

Zahlreiche Zeitschriften-, Zeitungs- und Buchverlage, Universitäten, Forschungseinrichtungen u.v.m. nutzen diese Dienstleistung von tredition, um unter eigener Marke ohne Risiko Bücher zu verlegen.

Alle Informationen im Internet: **www.tredition.de/fuer-verlage**

tredition wurde mit mehreren Innovationspreisen ausgezeichnet, u. a. mit dem Webfuture Award und dem Innovationspreis der Buch Digitale.

tredition ist Mitglied im Börsenverein des Deutschen Buchhandels.

Dieses Werk elektronisch lesen

Dieses Werk ist Teil der Gutenberg-DE Edition DVD. Diese enthält das komplette Archiv des Projekt Gutenberg-DE. Die DVD ist im Internet erhältlich auf **http://gutenbergshop.abc.de**

Zeitfracht Medien GmbH
Ferdinand-Jühlke-Straße 7
99095 Erfurt, Deutschland
produktsicherheit@kolibri360.de